Bernhard Hoëcker
Erik Haffner | Tobias Zimmermann

Lost Places in Deutschland

Ein merkwürdiges Bilderbuch längst vergessener Orte

riva

Bibliografische Information der Deutschen Nationalbibliothek:
Die Deutsche Nationalbibliothek verzeichnet diese Publikation in der Deutschen Nationalbibliografie; detaillierte bibliografische Daten sind im Internet über http://d-nb.de abrufbar.

Für Fragen und Anregungen:
info@rivaverlag.de

1. Auflage 2017

Nymphenburger Straße 86
D-80636 München
Tel.: 089 651285-0
Fax: 089 652096

Dies ist eine Neuauflage des 2011 erschienenen Titels *Hoëckers Entdeckungen.*

Fotos: Erik Haffner, Tobias Zimmermann
Umschlaggestaltung: Laura Osswald
Innenlayout und Satz: Meike Herzog
Druck: Firmengruppe APPL, aprinta Druck, Wemding
Printed in Germany

ISBN 978-3-7423-0419-3
ISBN E-Book (PDF) 978-3-95971-937-7
ISBN E-Book (EPUB, Mobi) 978-3-95971-936-0

Bernhard Hoëcker
Erik Haffner | Tobias Zimmermann

Lost Places in Deutschland

Ein merkwürdiges Bilderbuch längst vergessener Orte

riva

INHALT

VORWORT

Schon als Kind streifte ich auf ansonsten natürlich völlig langweiligen Spaziergängen gerne durch alte Burgruinen. Wie haben die Leute hier gelebt? Geht die Wendeltreppe wirklich rechts herum nach oben? Diese kleinen Zeitreisen fanden ihren neuen Höhepunkt, als ich vor 5 Jahren mit diesem Geocachen angefangen habe. Teilweise liegen die Verstecke dieser modernen Schnitzeljagd neben alten Fabrikgeländen, verlassenen Krankenhausanlagen, in Bunkern, Bergwerken oder anderen Arealen, die die Menschen seit vielen Jahren verlassen haben. Und hin und wieder verlasse ich dann mit Erik und Tobi den vorgegebenen Weg und wir reisen ein paar Jahrzehnte zurück.

Inzwischen streift unser Blick auf Autofahrten wie ein Röntgenscanner durch dichtes Blattwerk, um ein Gebäude dahinter zu erspähen. Mit überwachsenen Mauern, Wänden, an die sich junge Birken krallen, und Dächern, die den Jahren nicht mehr standhalten konnten. Der nächste Hundespaziergang wird danach ausgerichtet und wir fangen an zu überlegen, wofür wohl dieser Raum gedacht war oder wohin diese Tür wohl führt. Dabei gibt es zwei Grundsätze: Wir hinterlassen Fußspuren und nehmen Fotos mit. Es wird nichts zerstört, eine geschlossene Tür bleibt eine geschlossene Tür. Durch Fenster wird nur gesehen, nicht getreten. Alles bleibt so liegen, wie man es vorgefunden hat.

Von all diesen Ausflügen haben wir natürlich Berge an – genauer Festplatten voll mit – Bildern mitgebracht. Und jedes Mal schicken wir sie uns über dieses Internet zu und sind begeistert. Leider greift dann doch immer wieder die kalte Hand der Eitelkeit nach uns und wir verspüren das tiefe Empfinden, andere an unserer Begeisterung teilhaben zu lassen, insbesondere an der Begeisterung an den Bildern. So entstand dann die Idee, einen Bildband zu machen. Da ich zugegebenermaßen weniger am Ablichten, sondern mehr an eigener Ablichtung interessiert bin, und auch die Bildbearbeitung nicht zu meinen Primärfähigkeiten gehört, ist ein Großteil der Bilder von Tobi und Erik fotografiert, aber natürlich von mir für gut befunden worden.

Somit wünschen wir viel Spaß bei diesen kleinen Ausflügen ins Vergangene, ins Verfallene, aber irgendwie heute noch Lebende.

Bernhard Hoëcker

Verlassen Vergessen verboten

Eine fotografische Reise durch den unentdeckten Konjunktiv

Text: Erik Haffner, Tobias Zimmermann, Bernhard Hoëcker
Fotos: Erik Haffner, Tobias Zimmermann

Auf der Suche nach Spargel dauert es nicht lange, bis einem der Ort Beelitz genannt wird. Eigentlich ist es eher umgekehrt: Fragt man jemanden nach Beelitz, hört man immer nur „Da, wo der Spargel wächst?“. Was liegt also näher, als sich kurzerhand auf den Weg zu machen und sich dort umzuschauen, wo eben jener Asparagus wächst, der Veronika in den 20er Jahren bereits in Verzückung versetzt haben soll.

Doch kaum hat man die erste Abfahrt hinter sich und man versucht, auf einer Landstraße den Ort von einer ungewöhnlichen Seite zu erreichen, da tauchen im dichten Gestrüpp alte Mauern auf. Weiter hinten, durch Bäume nur sehr schwach zu erkennen, sind ganze Gebäude sichtbar, verwaist zwar, aber noch mehrstöckig in der Landschaft herumstehend.

Wir halten an und steigen aus. Leider kommen wir keine fünf Meter weit. Direkt am ersten Zufahrtswegs taucht ein Schild auf: „Betreten verboten! Eltern haften für ihre Kinder!“ Eine Diskussion mit dem „Eigentümer“, der sich auf dem Schild als „der Eigentümer“ zu erkennen gibt, wird unterlassen, er wird eh nicht verstehen, dass Eltern NIE für ihre Kinder haften, sondern nur für sich selbst und sich deshalb dieser Satz rein rechtlich niemals in eine Konsequenz umwandeln wird. Trotzdem ist der Hinweis eindeutig. Wir drehen ab, steigen wieder in den Wagen und fahren weiter.

Schade. Wer weiß, was uns erwartet hätte? Vielleicht ein betonierter Weg, vorbei an jungen, höchstens 20 Jahre alten Bäumen. Ein kleiner Abzweig hätte uns vermutlich auf die Stufen eines Gebäudes geführt, dessen alte Türe eingeschlagen, aber mit Sperrholz erneut verschlossen wurde. Das Fenster ein paar Schritte weiter vergittert, aber der offene Zugang über die Kellerräume wäre möglich gewesen in eines von gut 60 denkmalgeschützten Gebäuden, die Teil eines über 200 Hektar großen ehemaligen Klinikgeländes sind. Und die Natur holt es sich ganz langsam zurück. Der verletzte Adolf Hitler verbrachte als Gefreiter während des Ersten Weltkriegs, ebenso wie weitere 17.500 Soldaten, einige Monate in den Beelitz-Heilstätten. Auch im Zweiten Weltkrieg dienten die Heilstätten wieder als Lazarett und Sanatorium, um Verwundete von der Front zu behandeln. Ein weiterer Prominenter, nämlich Erich Honecker, wurde hier im Dezember 1990 an Leberkrebs behandelt, bis die Russen vor 20 Jahren das ehemals größte Militärlazarett außerhalb Russlands verließen. Seitdem ist es dem natürlichen Verfall und Vandalismus preisgegeben. Aber woher soll man das auch wissen?

Wären wir nicht unserer konsequenten moralischen Korrektheit gefolgt, hätten wir all die Fotos auf den folgenden Seiten machen können. Schade ...

Alex ist ein

Gleich um die erste Ecke wäre uns dieses Motiv vor die Linse gekommen: Die verlassene Villa Kunterbunt. „Wieso wohnt Pippi Langstrumpf im Krankenhaus?", hätten wir uns gefragt. Das wurde in der Serie nie thematisiert! War sie etwa krank? Wurde sie von Tommy und Annika in den Drehpausen gepflegt? Und vor allem: Wo ist sie jetzt? Wer füttert Herrn Nilsson und den Schimmel? Sind etwa alle tot? Oder schlimmer: Ist sie nach Berlin Prenzlberg gezogen und zu einer dieser kinderwagenschiebenden Mode-Alternativmütter geworden? Mit Strapsen?!? Unsere Kindheit wäre zutiefst erschüttert und zu großen Teilen infrage gestellt worden.

Gut, dass wir das nie gesehen haben!

Um Jahrzehnte zu spät und von unserer Hilflosigkeit wie betäubt hätten wir den Grund für den Untergang der Heilstätten entdeckt. Unbemerkt von der Klinikleitung wurde hier die Zukunft der Anstalt sprichwörtlich zum Fenster hinausgeblasen. Bernhard hätte blitzschnell berechnet, dass schon der unschuldigst aussehende Radiator Heizrechnungen in Milliardenhöhe verursachen kann. Wir wären wie immer beeindruckt gewesen und beim Überschlagen der Rechnung hätten wir wie so oft verschwiegen, dass der kleine Heizkörper dafür seit dem frühen Mittelalter durchgebrummt haben müsste.

Verlassen Vergessen Verboten

Wahrscheinlich wären wir hier fast eingestürzt, hätte uns Bernhards Hund Fluffy nicht lassiegleich vor der drohenden Gefahr gewarnt: Eines der großen Kochgeräte ist einfach durch den Boden in den Keller gebrochen. Wie eine Horde Schimpansen, die sich immer mutiger und in immer engeren Kreisen an ein unbekanntes Objekt heranpirscht, wären wir zunehmend wagemutiger mit unseren Kameras an das instabile Motiv herangetippelt. Die Tapferkeit wäre mit diesem Foto belohnt worden und unterschwellig hätten wir gespürt, dass uns genau dieser Entdeckergeist einst zu den Beherrschern des Planeten gemacht hat. Gut, das ... und ... unsere Daumen. Angesichts der Tatsache, dass wir unser Leben leichtfertig aufs Spiel gesetzt hätten, qualifiziere uns dieses Foto auf der anderen Seite auch für das sofortige Ausscheiden aus dem Genpool. Schatten und Licht sind manchmal so nah beieinander ...

Raschelraum: Im ersten Stock hätte uns ein Zimmer voller Laub erwartet. Dem großen Klaus Kinski sagt man ja nach, dass er sich für die Vorbereitung einer Rolle für mehrere Wochen in seine Kammer eingeschlossen habe – bis zu den Knien im Laub. Für einen kurzen Moment wäre uns die Vorstellung, hier einzuziehen und dem extravaganten Mimen nachzueifern, vielleicht seltsam verlockend vorgekommen.

Eins mit der Natur sein – und doch ein Dach über dem Kopf.

Die totale Askese – und doch immer was zum Knabbern haben.

Die romantische Einsamkeit –
und doch nie allein sein ... denn im Laub findet man viele neue Freunde mit Fühlern.

Wir stellen uns vor, wie in einem Dachstuhl plötzlich ein Lichtstrahl wie der Finger Gottes auf Bernhard fallen würde. Ein Omen? Und wenn ja, für was? Prophetische Berufung? Ein apokalyptisches Vorzeichen? Seine herannahende Heimholung? Wir hätten mit dem Gedanken gespielt, Bernhard einen Altar zu bauen. Oder einen Dom. Ziemlich sicher würden wir ihm ein Nutztier opfern. Kann ja nicht schaden! Und sollte er tatsächlich der neue Messias sein, hätten wir schon mal einen guten Eindruck gemacht.

Wahrscheinlich wäre auf einem der Häuser ein ganzer Wald gewachsen. Mit meterhohen Tannen und Wurzelwerk, das sich unverdrossen in die Decke des Gebäudes krallt. Die Unmöglichkeit seines Unterfangens ignorierend, muss einst ein kleines Pflänzchen auf den eingestürzten Schindeln entschlossen haben weiterzuwachsen. Jahr für Jahr dem Wind trotzend und der Witterung hilflos ausgesetzt, wurde es zu einem Bäumchen, dann zu einem Baum und schließlich hat es alle seine Kollegen zu sich gerufen, um dort oben zusammen eine verkehrte Welt zu erschaffen, die wir uns mit staunenden Augen angesehen hätten.

Durch ein Treppenhaus, das jeden TÜV-Mitarbeiter den Freitod wählen ließe – und wenn er praktisch veranlagt wäre, gleich an Ort und Stelle –, wären wir nach oben gestiegen. Vorsichtig hätten wir jeden nächsten Schritt geprüft, die Trittsicherheit der maroden Steinstufen lieber einmal zu viel kontrolliert. Jeder herunterbröckelnde Stein hätte uns das Blut in den Adern gefrieren lassen und den Kampf gegen den angeborenen Fluchtreflex schwieriger gemacht. Die letzten Meter wären uns unmenschlich lange erschienen und ohne Sauerstoffgerät und ein Heer von Sherpas kaum noch vorstellbar gewesen. Doch tatsächlich hätten wir endlich das Dach über die gefürchtete rostige Nordpassage erklommen und uns wie Hillary, Scott und Messner gefühlt – und das sogar noch mit allen Zehen!

In einem der Krankenhausflure hätten wir uns erinnert: Türkis war ja damals das neue Leberwurstgrau. Und so hält sich die Farbe hartnäckig an den Wänden und nur mühsam schaffen es die Zeit, die Witterung und das überall verbaute Asbest, den Anstrich abzublättern. Wie eine alte Dame, die verzweifelt versucht, gegen die Falten anzukämpfen, weigert sich dieser Flur zu verblassen. Stur und mit letzter Kraft scheint er den Glanz der alten Tage ausstrahlen zu wollen, auch wenn ihm dies offensichtlich immer schwerer fällt. Vielleicht hat er noch ein paar gute Jahre, in denen er sich an das geschäftige Treiben erinnern kann, die hektischen Ärzte, die lärmenden Besucher und die hübschen Krankenschwestern. Wir hätten ihm bestimmt ein Fenster geschlossen, durch das es unangenehm zog. Vielleicht bringt ihm das ein paar Tage …

Auf dieses Foto wären wir besonders stolz: Wie ein gestrandeter Wal aus baumwollverstärktem Phenoplast liegt der Koloss aus dem Osten in seinem laubgebetteten Grab. Selig sieht er aus und scheint nach einem Leben auf ruckeligen – nennen wir sie mal spaßeshalber Autobahnen – seine wohlverdiente letzte Ruhestätte gefunden zu haben. Seine neuen Freunde Herr Rost und Frau Korrosion leisten ihm schon seit vielen Jahren Gesellschaft und sind zu treuen Weggefährten geworden, bis irgendwann nur noch ein Häufchen graublaues Granulat voller Erinnerungen vom einst so majestätischen Schnapphahn der Landstraße übrig geblieben ist. Rest in peace, Trabbi!

In gefühlter Mount-Everest-Basislager-Höhe wäre unser das Konzept „Gefahr" verachtende Mitstreiter David, der hier zu seinem eigenen Besten unscharf bleibt, auf einen zeitnah einstürzenden Schornstein geklettert. Bernhard hätte ihn auf gefühlter Mount-Everest-5-Sterne-Hotel-am-Fuß-des-Berges-Höhe beobachtet und das atemberaubende Unterfangen in seiner Funktion als Sicherheitsbeauftragter und Mentor dirigiert. Gut zu erkennen an seiner stylischen Protector-Brille, die ihn effektiv vor herabstürzenden Trümmern und Körperteilen schützen könnte – wenn er dafür nicht zu weit weg gestanden hätte.

Da Treppenlaufen für Hundegelenke bekannterweise schädlich sein kann, hätte Bernhard Teammitglied Fluffy mal wieder überallhin getragen. Hier würde er das Tier zum Beispiel vom Erdgeschoss durchs Fenster in den zweiten Stock reichen.

Hätten wir dieses Stück Unterhaltungselektronikschrott auf dem Boden gefunden, hätte sich Norman – aus Protest gegen das ständig sinkende Niveau der deutschen TV-Landschaft und um endlich auch einmal im Fernsehen zu sein – mit einer an Magie grenzenden Mimikri in einen Röhrenapparat verwandelt. Lediglich das Fehlen eines „Aus"-Knopfes AN dem Gerät und eines Bernhard Hoëcker IN dem Gerät schwächen die sonst fast unheimlich zu nennende perfekte Illusion. Erik wäre sicherlich nur mit roher Gewalt von seinem Popcorn und den in dieser Umgebung gefährlichen Hauspuschen zu trennen gewesen.

Wären wir tief in den Keller der Heilstätten vorgedrungen, vorbei an alten Krankenbetten, verschlossenen Zimmern und endlosen Reihen gekachelter Räume und wären wir völlig unerwartet im letzten Zimmer hinter einer schalldichten Tür mit Sichtklappe auf einen Stuhl wie diesen hier gestoßen – nichts wäre mehr so gewesen wie vorher. Albträume von sadistischen Zahnarzt-Nazis und besessenen KGB-Folterknechten hätten uns um den Schlaf gebracht. Besser denkt man gar nicht länger drüber nach, ob die Öffnung auf der Sitzfläche angebracht wurde, weil man so lange auf dem Stuhl verweilen musste, oder wegen der Dinge, die einem darauf widerfahren wären. Wie sagte einmal ein weiser Mann: „Alles, was sich der menschliche Verstand ausdenken kann, ist schon geschehen …“

Was war wohl zuerst da? Die Tür, deren Bestimmung plötzlich obsolet wurde? Oder die Mauer, vor die ein pflichtbewusster Handwerker eine Tür exakt so installierte, wie sie falsch auf dem Bauplan eingezeichnet war? Wir werden es wohl nie erfahren und können uns nur über dieses bizarre architektonische Paradoxon wundern. Wenn wir es fotografiert hätten …

Auf unserem weiteren Weg wären wir vermutlich auch in der ehemaligen Chirurgie vorbeigekommen. Zu gern hätten wir in dem lange verlassenen Operationstrakt diesen veralteten OP-Droiden getroffen, mit ihm ein Pläuschchen gehalten und über alte Klonkrieger und Jedi-Ritter-Zoten gelacht.

Leider hätte Bernhard nach einer Weile feststellen müssen, dass der Kollege vor vielen Jahren seine Seele, sein Herz und seine Hauptplatine an einen kriminellen Altmetallhändler verlor. Nun blicken seine blechernden Überbleibsel stumpf in einen Haufen Schutt und warten auf eine Reinkarnation. Wenigstens als recycelte Surströmming-Konservendose mag er sich wünschen ...

Nebenan wären unsere Blicke in die Kemenate eines einsamen Patienten der Lungenheilstätten gefallen. Man hätte es sich kaum ausmalen können, welch apokalyptischer Hustenreiz nicht einmal das Mauerwerk bereit war zu stoppen.

Um etwas Ruhe zu finden, hätten wir doch lieber ein Patientenzimmer in der ersten Etage bezogen, die Posamenten beiseitegeschoben, Fensterläden und Kreuze geöffnet und hinab in das Idyll der weitläufigen Parkanlage geblickt. Trunken vor Gelassenheit wäre uns vermutlich auch jenes pikante Detail verborgen geblieben: Selbst die für ihre Robustheit bekannten Birken sind angesichts der verfallenen Fassaden kurzum in den zentralen Brunnen der brandenburgischen Alhambra kollabiert.

Nicht selten verlieren wir uns auf unseren Streifzügen in theologisch-philosophischen Diskursen. Gibt es einen Gott? Und wenn ja, warum kümmert er sich nicht um den Weltfrieden und ein flächendeckendes UMTS-Netz? Ist es als vorbildlich zu erachten, seine Nachkommen an ein Lattengerüst zu nageln, um seiner Weltsicht Nachdruck zu verleihen? Solche und ähnliche Fragen hätten sich natürlich vortrefflich in jener sakralen Klause erörtern lassen.

Der Operationssaal gehört in jedem Krankenhaus zu den sensibelsten Bereichen. Penible Hygienevorschriften sorgen für Keimfreiheit und ein annähernd steriles Umfeld. Das vermindert die Infektionsgefahr für den Patienten und verspricht dem chirurgischen Personal einen möglichst komplikationslosen Arbeitsalltag. Modernste Medizintechnik, hochfunktionales OP-Mobiliar und eine ansprechende Innenarchitektur sorgen für eine entspannte Atmosphäre.

Beseelt durch diese klinische Kulisse wäre plötzlich Professor Hoëcker mit Oberschwester Tobi in den OP gestürmt, die Hände in einem Rinnsal Regenwassers desinfizierend hätte er die monströse Beleuchtungsapparatur knarzend zurechtgerückt und sich sogleich messerwetzend an die Eingeweide eines narkotisierten Patienten gemacht. Während Erik, anfänglich leise die Titelmelodie der Schwarzwaldklinik pfeifend auf der Liege vor sich hin döste, plötzlich panischen Blickes aufspränge und Bernhard Mundschutz und Taschenmesser entriss ... auch die Fortsetzung dieser illustren Szenerie hätten wir erleben können ... wären wir doch bloß dort gewesen.

Die Stühle des alten Hörsaals glotzen stumm auf die leere Tafel. Welches Gefühl wäre wohl in uns aufgestiegen, hätten wir uns kurz zum Spaß in die letzte Reihe gesetzt? Hätten wir das Echo unserer eigenen Schulzeit in unserem Inneren widerhallen hören? Die Stimme des verhassten Mathelehrers? Den Geruch der attraktiven Kunstlehrerin? Die leichte Panik, die in einem aufsteigt, wenn man mal wieder den Turnbeutel zu Hause vergessen hat?

Im Nachhinein bereuen wir ein wenig, so moralisch tadellose Menschen zu sein. Ein kleiner Schritt über den sowieso schon niedergetrampelten Zaun hätte uns in eine andere Welt geführt, die wir so schnell nicht wieder vergessen hätten. Hätte das nicht als Kavaliersdelikt gezählt? Würde nicht jeder Schutzmann bei diesem Lausbubenstreich beide Augen zudrücken? Welche nachhaltigen Eindrücke hätten wir von der anderen Seite mitbringen können? Wie weit hätte dieser Ausflug unseren Horizont erweitert? Dieser Zweck hätte sicher jedes Mittel geheiligt. Doch wir haben unsere Chance verpasst. Aus und vorbei! Wir schauen nicht zurück, schließen dieses Kapitel ab und entscheiden, in Zukunft mutiger zu sein. Warum sollten wir uns von einem lächerlichen Schild aufhalten lassen? Einem Schild und welcher Armee? Ha! Bei der nächsten Gelegenheit schneiden wir selbst ein Loch in den Stacheldraht oder brechen verschlossene Türen auf. Wo ist der nächste Baumarkt? Wir brauchen ein Stemmeisen, einen Bolzenschneider und ein paar Gramm C4 mit Fernzünder. Und wenn es wirklich notwendig ist, nehmen wir auch Geiseln. So sieht's nämlich aus! Gerade als wir uns mit einem Kugelschreiber ein Gang-Logo in die Oberarme tätowieren wollen und Tobi das Auto beschleunigt, um einen Spargel-Laster von der Straße zu rammen, werden wir geblitzt.

Die Polizei hält uns an und wir werden verwarnt. Wir zahlen 120 Euro wegen Geschwindigkeitsüberschreitung und weil wir nicht angeschnallt waren. Außerdem geht das linke Rücklicht nicht und wir können das Warndreieck nicht aufbauen.

Schweigend, angeschnallt und innerhalb der gesetzlich erlaubten Höchstgeschwindigkeit fahren wir zu unserem nächsten Abenteuer.

HOW TO: URBAN EXPLORATION

Kleiner Leitfaden für den Besuch längst verlassener Orte

Text und Fotos: Tobias Zimmermann

EIN BLICK DURCH DIE PROJEKTIONSÖFFNUNG machte schnell klar: Die Anmietung dieses Kinos für unsere Regionalkonferenz „Leave nothing but footprints“ hätte nur bedingt Sinn gemacht.

Das Ziel unserer leidenschaftlichen Reisen in die Vergangenheit: Lost Places. Hier greift die gebräuchliche Germanisierung mit „Vergessene Orte“ etwas daneben. Zumindest die großzügig mit Altlasten verseuchte Militäranlagen aus Zeiten des Kalten Krieges sind mitnichten komplett vergessen, sondern eher ökonomisch an den Rand des fiskalen Bewusstseins verdrängt. Sinnvoller würde man den Begriff mit „Verlassene Orte“ übersetzen. Trefflicher wäre natürlich „Verdrängt vergessene verlassene Orte“, was wiederum ein wenig sperrig daherkommt. So bedient man sich gern auch hierzulande dem erstgenannten Anglizismus.

Im Gegensatz zu Graffiti-Sprayern, Kupferdieben und untergetauchten Serienkillern unterscheiden wir, die ebenfalls gerne sich selbst marodierendes Gemäuer erkunden, uns wohltuend von den übrigen Personengruppen. Vortrefflich kommen uns dabei die Gene einer Nation voller Kleingärtner und Vereinsmeier zugute: Selbst bei diesem ruinösen Zeitvertreib entwickelte sich bereits ein konspirativer Verhaltenskodex.

Nachfolgend ein loser Auszug aus den üblichen Regularien.

I. Planung

Unerlässlich für einen erfolgreichen Ausflug in die Vergangenheit ist akribische Vorbereitung!

Nicht selten allerdings unterliegen die im Vorfeld recherchierten Informationen einer gewissen Halbwertszeit. Schlagartig wird einem dann die etymologische Bedeutung von „Gras über die Sache gewachsen" klar. In diesem Fall konnte nur noch der Fuhrpark des ehemaligen „Was auch immer" inspiziert werden. Bernhard meinte, mit den Felgen wäre was nicht in Ordnung.

War die Zeit vorher mal wieder zu kurz, empfiehlt sich eine stabile Mobilfunkverbindung „on Location". So lassen sich zumindest rasch die aktuellsten Abbrucharbeiten der Region ergoogeln. Falls draußen am Fenster mal wieder ein Kran mit Abrissbirne vorbeischleicht.

II. Ausrüstung

... sieht nicht nur sexy aus, sondern hilft in vielen Situationen der avisierten Begehung und ist deshalb unbedingt immer mitzuführen. Die Bandbreite reicht hier, je nach Materialfetisch, von CB-Funkgeräten, Taschenwärmern, GPS-Empfängern und Atemschutz bis hin zu Nachtsichtgeräten, Schlauchbooten und Thermo-Unterwäsche. Es gibt allerdings noch keinen Konsens über ein Standardrepertoire an Utensilien.

Obige Maskerade dient Bernhard übrigens lediglich zur Abschreckung aufgebrachter Lkw-Fahrer, die er regelmäßig mit erhöhtem Sendungsbewusstsein auf ihrem Kanal mit dem Walkie-Talkie zur Weißglut bringt.

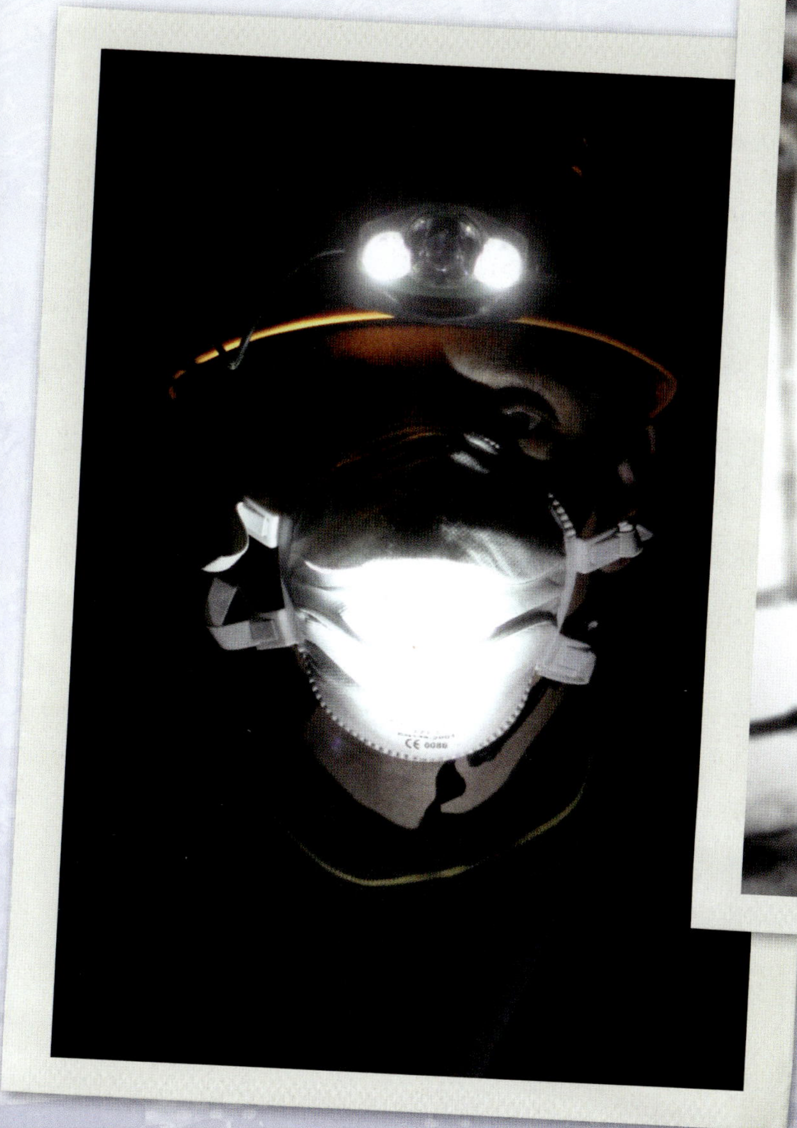

III. Parken

Die Wahl eines unauffälligen Parkplatzes ist ein unterschätzter Aspekt, der mitunter den Erfolg der Unternehmung in seinen Grundfesten erschüttern kann.

Bei dieser Exkursion haben wir gleich mehrere Fehler gemacht:

a) Der Parkplatz ist mehr nach Regeln der Bequemlichkeit denn nach objektiver Unauffälligkeit gewählt.

b) Die Diskussion mit der zuständigen Politesse verursachte einen mittelschweren cholerischen Anfall. Auf beiden Seiten. Ungünstig für die Verhandlungsbasis des Bußgeldes war vermutlich, dass Tobi versuchte, der Dame faschistische Handlungsweisen zu unterstellen.

c) Enttäuschend: Der anvisierte ruinöse Steinhaufen ist unerwartet von eifrigen Dresdner Bürgern wieder in ein steriles Gemeindezentrum verwandelt worden. Mit Fußbodenheizung. Laaaangweilig.

Die Lust des Städters auf einen eigenen Stellplatz in einer Reihengarage und die Liebe zur ungestümen Kraft der Natur vereinen sich hier auf nahezu poetische Weise.

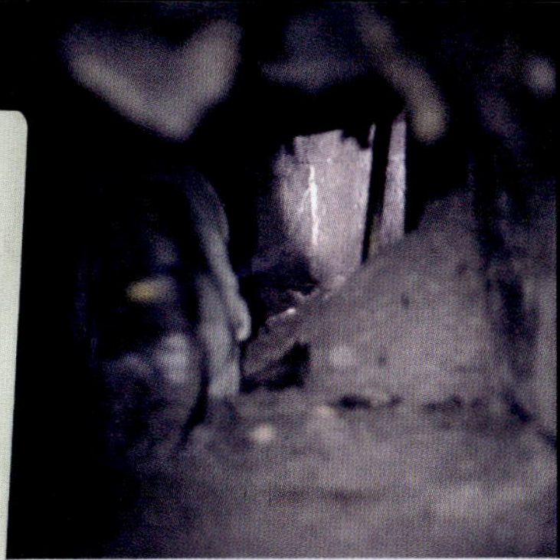

IV. Zutritt zum Gelände

Oberste Priorität hat die Unversehrtheit des Objekts. Somit verbietet sich jede Art von Zerstörung, um Zutritt zu erlangen. Zur Überwindung eventueller Hürden haben sich bequeme Kleidung und festes Schuhwerk als praktisch erwiesen. Von Vorteil ist ebenfalls ein ausgeprägtes Faible für Dreck. Und zwar in allen erdenklichen Facetten. Scherben, morsches Holz, verfaultes Ex-Organisches, Sand, Staub, Kalk, Altöl, Brackwasser, Chemikalien, Müll und einfach undefinierbares, schmieriges, klebriges, stinkendes ... Zeugs ...

Schier unendlich scheint die Liste der hier möglichen Verunreinigungen. Bei kaum einer anderen Freizeitbeschäftigung kann sich der geneigte Enthusiast noch auf dem Sofa zu Hause an subkutanen Holzrelikten, miefigem Schmodder und dem reizenden Hautauschlag vom Dämmwolle-Bad erfreuen.

HOW TO

Nichts zerstören, um Zutritt zu erlangen? Die offensichtlich schlecht gelaunten Kollegen von der GSG 9, die hier angeblich den gleichen Spielplatz benutzt hatten wie wir, haben ganz offensichtlich diesen Passus aus ihrem Verhaltenskodex gestrichen. Dabei hätten sie noch nicht mal klingeln müssen. Es war offen.

YOGISCHES FLIEGEN?
Ein rostfreier Anstrich? Nein, ungestüme Begeisterung an der eigenen Existenz muss diese Tür zum Platzen gebracht haben.

IOW TO

V. Hide and Seek

Um die Konspiration des eigenen Handelns zu wahren, empfiehlt sich ein Einstiegskurs in Guerillataktik. Seitdem die Stasi sich mehr oder weniger in der Konkursmasse der DDR aufgelöst hat, werden terroristische Seminare zum Thema Häuserkampf professionell quasi nur noch am Hindukusch angeboten. Somit verkehrstechnisch sehr ungünstig gelegen. Wir mussten uns also das Vokabular gestischer Kommunikation mühsam anlesen.

Hier zeigt Bernhard uns über eine Distanz von 12 Metern lautlos an, dass er sich seinen linken Zeigefinger schwer an einem Weidekätzchen verletzt hat und wir ihm doch bitte die Schere für das Piratenpflaster aus dem Auto holen mögen.

VI. Juristische Situation

Sollte man beim Betreten versehentlich eines der meist dezent angebrachten Verbotsschilder übersehen haben, bieten zahlreiche Ex-Gebäude bereits Einrichtungen, um sich mental auf die strafrechtlichen Folgen des eigenen Handelns einzustimmen.

Dem Österreicher war es schon lange vor den Problemen dänischer Karikaturisten bekannt, welch ungeheure Sprengkraft dahingepinselte Zeitgeschichte haben kann – Zeichnen verboten!

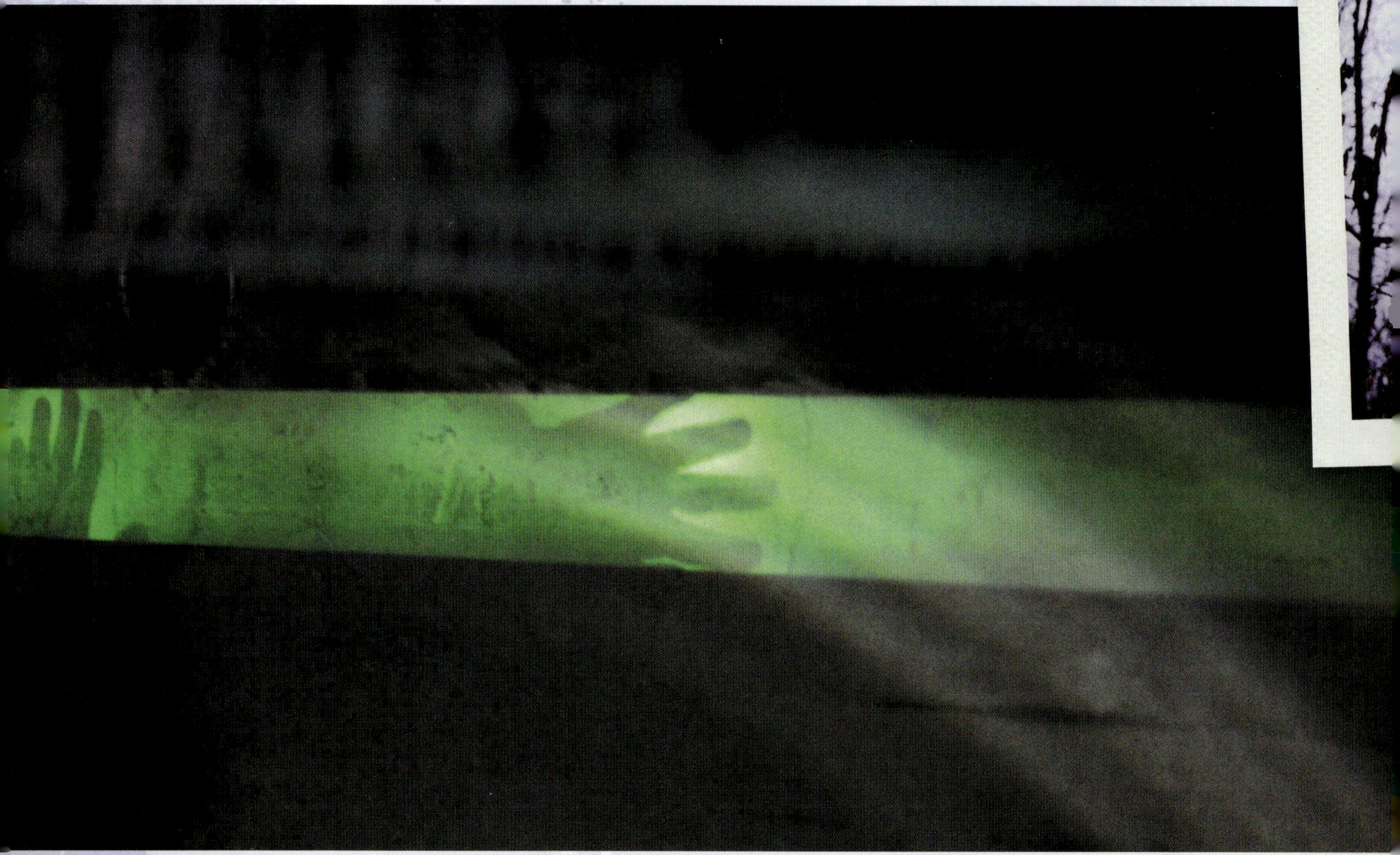

Letztendlich lassen sich alle Regeln und Bedürfnisse unserer Leidenschaft auf eine zentrale Vision reduzieren: Alles, was wir mitnehmen, sind Bilder – unsere einzigen Hinterlassenschaften sind Fußspuren!

HOW TO

Und manchmal hinterlassen wir noch nicht einmal Fußspuren …

Der Schatz der Diamalt-werke

Text: Erik Haffner
Fotos: Erik Haffner, Tobias Zimmermann

Das ehemalige Chefbüro
Der Tower
Der abgebrannte Dachstuhl

Früher wurden Schatzkarten von grimmigen Piraten in mehrere Teile zerschnitten und dann auf den sieben Weltmeeren verteilt. Bewacht von Seeungeheuern, vergraben in dunklen Höhlen, weggesperrt in eisernen Truhen waren es nur wenige Abenteurer, die am Ende einer langen Suche die Golddukaten durch ihre Hände rieseln lassen konnten.

Heute sehen Schatzkarten anders aus. Man findet sie im Internet und niemand bewacht sie mehr. Trotzdem sind sie schwer zu entdecken, denn sie sind unter terabyteschweren Wikipedia-Artikeln verschüttet oder in harmlos aussehenden Webseiten getarnt. Facebook-Schnappschüsse leer stehender Häuser, beiläufig erwähnte Sichtungen von Bunkereingängen und kryptische Geo-Koordinaten sind die Bruchstücke moderner Schatzkarten. Und nur die, die reinen Herzens sind, sich tapfer jeder Gefahr stellen und zu viel Zeit im WWW verbringen, werden diesen Schatz aus Millionen von Pixeln, die wie Golddukaten funkeln, auf ihre lichtempfindlichen Bildsensoren bannen können. Wir gehören zu diesen glücklichen wenigen und dies sind die Bilder eines Raubzugs im Süden, der reiche Beute brachte.

Die ehemaligen Diamaltwerke in München. Man muss sich den Klang dieses Namens ein paarmal auf der Zunge zergehen lassen und schon denkt man an riesige Maschinen, die das künstliche Endoskelett für Wolverine hergestellt haben, dessen Klauen aus reinem Diamalt harten Stahl wie Butter zerschneiden. Leider hatte dieses Gebäude nichts mit haarigen Superhelden zu tun, jedoch war die Assoziation Butter gar nicht so schlecht. Ab 1902 produzierten 500 Mitarbeiter in diesem denkmalgeschützten Gebäude Backhilfsmittel wie zum Beispiel Malzpräparate und Süßwaren.

Seit Mitte der 80er-Jahre riecht man aber kein frisches Brot mehr in den großen Hallen, die stolze Fassade schaut mit ihren zugemauerten Fenstern, wie ein erblindeter Greis in den grauen Münchner Himmel. Bäume, die ihn einst wohl nur am Fundament gekitzelt haben, reichen nun verschmitzt bis in den zweiten Stock des Veteranen. Als würde er sich diese Frechheit nicht gefallen lassen, trotzt er Wind und Wetter und scheint sich mit letzter Kraft noch ein bisschen emporzurecken.

In einem breiten Flur steht ein krummbeiniger Stuhl und schaut deprimiert nach draußen. Vielleicht träumt er von fernen Ländern voller exotischer Sitzgruppen oder von besseren Zeiten, als in der Fabrik noch täglich auf ihm gesessen wurde. Vielleicht gehörte er einer knackigen Sekretärin oder einem cholerischen Chef, der eine Affäre mit ebenjener knackigen Sekretärin hatte. Wer weiß, welche Geheimnisse dieses Möbelstück in seinem gepolsterten Leben schon alles gesehen hat? Veruntreuungen, Mobbing, abgestrittene Blähungen bei Konferenzen. Und das aus nächster Nähe! Wir werden es nie erfahren. Wir sprechen leider kein Stuhl.

Der Aufzugsschacht wurde seiner Kabine bestohlen. Brutal scheint er herausgerissen zu sein und hinterlässt nur ein klaffendes Loch, das sich von oben bis unten wie ein vertikaler Organraub durch das ganze Gebäude zieht. Nur ein kleiner, bröckliger Schritt liegt hier zwischen Leben und dem Tod in der Tiefe.

Wie mit einem eisernen Willen durchtränkt und physikalisch kaum nachvollziehbar hält das Haus seine letzten Glasscheiben zusammen. Platzregen, Hagel und herabstürzende Tauben, die im falschen Moment starben, haben große Lücken gerissen, die wohl nie mehr geflickt werden.

Die Tauben, die überlebt haben, sitzen tolldreist auf den vielen Dächern und haben mit ihren erbsengroßen Gehirnen wohl keinen Sinn für die Schönheit ihrer maroden Heimat. Wie Banausen wenden sie sich von dem alten Fenster ab, dessen Scheiben sie ordinär markiert und damit unwissentlich in ein Kunstwerk verwandelt haben. Wenn für einen kurzen Moment ein Lichtstrahl der Sonne schwerfällig durch die fast blinden Scheiben fällt, werden die Fenster zu einer Kunstgalerie und wir zu staunenden Besuchern.

Auf dem Dachboden halten wir inne und zollen dem ehrwürdigen Gebäude mit einem Gruppenfoto den Respekt, den es verdient hat. Obwohl der Brand schon Jahrzehnte zurückliegen muss, riecht es immer noch nach Rauch und kalter Asche. Schmerzhaft müssen die Flammen im empfindlichen Oberstübchen des Hauses gewütet haben und wie Narben durchziehen die Stützbalken den Speicher.

Der Schatz der Diamalt-werke

Schwer fällt es uns, diesen alten Schatz so gebrechlich zurückzulassen, den Jahreszeiten und den verhassten Tauben schutzlos ausgeliefert. Wenn es einen Gott der alten Gemäuer gibt, so soll er bitte noch ein wenig länger über diesen alten Herrn wachen. Einen neuen Aufzug kann man ihm wohl nicht mehr transplantieren, aber vielleicht kann er die aufmüpfigen Bäume ein wenig zurechtstutzen und die Tauben mit dem einen oder anderen Habicht vertreiben. Wir würden es uns wünschen und trollen uns mit jeder Menge Pixeldukaten in den Taschen unseres Weges.

Ein Tag im Museum

Text und Fotos: Tobias Zimmermann

Was tun, wenn einem der Verfall und die Trostlosigkeit längst verlassener Hinterlassenschaften doch einmal trotzig aufs Gemüt schlagen? Die letzten intakten Fensterscheiben einwerfen? Reste holzig knirschenden Mobiliars krachend wieder ihrem Urzustand zuführen?

Vielerorts ist das bereits von freudlosen Vandalen verbrochen worden. Uns allerdings verbieten es Anstand und das Prinzip „leave nothing but footprints", die Spuren des Vergänglichen durch die eigene Hand noch weiter in den Abgrund der Dekonstruktion zu stoßen.

Gewinnt die eigene trübsinnige Tristesse dann doch einmal die Überhand, lohnt es sich, von Zeit zu Zeit den Blick zu heben und zu beobachten, was die Hobbyisten von der klecksenden Zunft in den heiligen Hallen des Untergangs hinterlassen haben wollen. Je länger ein urtümliches Gemäuer entseelt seinem Ende entgegensieht, desto wahrscheinlicher ist es, dass bereits jugendliche Bataillone zum Sturm ihrer Kolorierungsattacken geblasen haben. Wie in einem kreativen Häuserkampf finden sich, nach der Explosion einer farbigen Flächenbombe, leere Sprühdosen gleich den verschossenen Hülsen der künstlerischen ARTillerie. Untrügliche Zeichen also für eine Invasion mittels pittoresker Angriffe auf die ansonsten monochrome Marodität.

Warum also überhaupt noch Eintritt bezahlen in einem sterilen Tempel der Muse des etablierten Kunstbetriebs? Flüsternd in Cremeweiß getünchten Sammlungen dem nächsten Latte-macchiato-Gelage im Art-Café entgegenschlendern und dabei durch einfallslose Architektur gebändigte Kunstwerke begaffen, die wie überteuerte Konsumgüter gehandelt und somit ihrer Endlichkeit beraubt werden?

Wir Freunde des Verfalls sind auf diese Heuchelei nicht angewiesen. Vielmehr haben wir die Möglichkeit, unseren Hunger nach ausdrucksstarker Bemalung in unserer präferierten Umgebung zu stillen.

Hier braucht es keine Leinwände, unwilliges Aufsichtspersonal und reflexionsfreie Illumination. Nein, ebene Flächen und ein paar Dosen quietschbunten FCKWs verwandeln jede Bruchbude in einen Louvre de Lost-Place.

Machen wir uns also auf zu einem kleinen musealen Rundgang.

Die sonst lästige Eintrittsprozedur war schnell überwunden. Das Kassenhäuschen war seit Jahrzehnten nicht mehr besetzt. Für den Fall des unerwarteten Auftauchens eines Bezahlungszombies hätten wir bei der Währung passen und erklären müssen, dass England zwar noch nicht in der Währungsunion, aber die D-Mark zumindest übergangsweise in Deutschland dem Euro gewichen sei.

PRICES

Alsdann betraten wir das lichtdurchflutete Foyer und bestaunten das magische Auge eines uns unbekannten Künstlers.

Bernhard, in Erwartung unseres ungezügelten Interesses, hatte sich plötzlich selbst zum Referenten unserer illustren Museumsführung befördert und begann seine Ausführungen: *„Das magische Auge Gottes war seit jeher ein machtvolles Symbol …“* Weiter konnte ich ihn nicht verstehen, weil Erik just in diesem Moment begann, seinen Regenponcho in einer alten Chipstüte zu verstauen. *„… dagegen der sich selbst seines eigenen Hauptes beraubende Mickey Mou …“* Erik hatte gemerkt, dass die Chipstüte unwesentlich kleiner, aber ein bischen hässlicher und fettiger als die reißfeste *„… roten Speerspitzen schleudernd zur anderen …“* Originalhülle war und machte sich mit akribischem Krawall *„… polypheme Orgie exzessiver Brutalität …“* daran, die Behältnisse zu tauschen. *„… Weihnachtsbaum!“*

Weihnachtsbaum?

Noch ehe ich versuchen konnte, den abschließenden Sinn der Ausführungen zu durchdringen, führte uns Bernhard in den nächsten Raum. Erik strich erleichtert kalkige Staubreste von seiner wiedergewonnenen Regenponchoverpackung und folgte mir fröhlich, als ich Bernhard leicht ratlos hinterhertrottete.

Kaum angekommen, setzte er auch schon an, seine Betrachtungen fortzuführen. Ohne einen Ton produziert zu haben, schloss er allerdings abrupt wieder seinen Mund, als er sich des flatulierenden Geschöpfes auf der Ausstellungsfläche gewahr wurde. Die blau-pupsende Dame überstieg offensichtlich seinen Erfahrungshorizont, und sprachlos leitete er über zum Artefakt in einem der Nebenräume.

Die blaue Periode des vorräumigen Künstlers erfährt hier ihren Höhepunkt, indem er den Dunst – den blauen in unnachahmlicher Weise parabelgleich in eine melancholische Beziehung zu ...“

Ein plötzlicher Reflex sperrangelweiten Gähnens versiegelte mein Trommelfell. Krampfartig verhakte sich mein Unterkiefer. Wild entschlossen versuchte ich, dem ansteigenden Schmerz Herr zu werden, ließ alle fotografischen Utensilien fallen und biss wie ein Irrer auf einem Müsliriegel herum, den ich gerade noch aus Eriks Proviantbeutel erhaschen konnte.

Schade! Nachdem ich Gebiss und Gehörgang wieder entkrampft hatte, war Bernhard längst wieder weise lächelnd und glücklich verstummt. Angestrengt Gelassenheit heuchelnd schob ich mich hinter den beiden in den anschließenden Ausstellungsraum.

Nichts berühren!", befahl Bernhard plötzlich aufgeregt. *„Der wie zufällig im Winkel von 49 Grad geneigte Abwasserkanal und die Installation des blasenartigen Kabelfragments führen systematisch in die kubistische Grafik. Diese Arbeit muss dem aufgeschlossenen Betrachter einen wohligen Schauer der Erkenntnis ..."*

Die Speicherkarte meiner Kamera war voll.

Ich bat Erik nachzusehen, ob er mir aushelfen könne. Wir unterhielten uns kurz über Sinn und Verlust verschiedener Kompressions-Algorithmen und verpassten so, dass Bernhard freudig über seinen vermeintlichen kunsthistorischen Sachverstand bereits weitergezogen war.

Suchend irrten wir eine Weile umher, bis wir aus einem entlegenen Flügel des Gebäudes ein entschlossenes Klopfen erahnten, das bei der weiteren Annäherung zu einem dröhnenden Gehämmer anschwoll. Verunsichert erreichten wir einen Raum, komplett ausgefüllt mit einer staubigen Nebelwolke. Als Letztere wieder auf dem sandigen Fußboden Platz genommen hatte, tauchte Bernhard schemenhaft darin auf. Sofort erklärte er uns, dass plakativ flächige Malerei einen gewissen Abstand des Betrachters voraussetze. Um uns selbiges zu ermöglichen, habe er kurzerhand zu einer zufällig anwesenden Spitzhacke gegriffen und die ausstellende Architektur ein klitzekleinwenig angepasst.

Kopfschüttelnd betraten wir den Aufzug, neugierig, was uns in einer weiteren Etage erwarten würde. Nachdem uns leise Zweifel an der ordentlichen Durchführung der Wartungsintervalle des vertikalen Gefährts beschlichen, nahmen wir die Stiegen, um eine weitere Abteilung zu erklimmen.

Hatten wir uns zu weit von der uns bekannten Zivilisation entfernt? Paranoid stellten sich an jeder Ecke die Nackenhaare auf. Ein untrügliches Zeichen. Wir waren nicht allein. Und selbst der vierbeinige Kunstsachverständige mit dem schwarzen Fell behauptete, es habe ihm ein blaues Rüsseltier am Fuße des Absatzes aufgelauert. Gerade als ich mich vorsichtig erkundigte, ob er als Hund überhaupt wisse, dass Elefanten sich in den seltensten Fällen in heimtückischer Absicht in irgendwelche Hauseingänge quetschten, hörte ich, wie Bernhard einige Meter weiter bereits sein nächstes Referat begann.

Aus seiner betonierten Grube schaut uns hier ein älterer Herr mit einer Mischung aus kontemplativer Besonnenheit und treudoofer Demenz mitten ins Herz. Der Künstler hätte nicht trefflicher den Ausdruck …" Schlagartig ließ meine Konzentration, den Ausführungen zu folgen, nach, als ich mit der rechten Ferse wohlig weich der Grube entgegenglitt. Ich steckte bis zum Knöchel in einem riesigen Haufen Hundekot. Ich schimpfte selbigen bei seinem Namen und Erik kreischte irgendwas von wegen seiner neuwertigen Fußmatten im Fahrzeug. Bernhard als aktuell einzig anwesender Hundehalter machte keinerlei Anstalten, die Anwesenheit der Exkremente an diesem sonst unbelebten Ort zu ergründen, und schob uns entnervt weiter in die grafologische Abteilung.

Diese semantische Kunstform in der Postmoderne verzichtet auf jegliche ästhetische Komponenten und reduziert sich vollkommen auf ihre Intention!"

Ungewohnt unabgelenkt warteten Erik und ich auf weitere Erkenntnisse. Es kam nichts mehr. Leise stieg in uns die Sorge auf, Bernhard könne sich zu sehr mit dem gezeigten Postulat identifizieren. Ich gab eine Runde Trinktütchen aus und versuchte so, das rhetorische Vakuum zu füllen. Dann stolperte ich, meinen Schuhschmier reinigend, weiter.

Der leidenschaftliche Kunstversteher hatte seine Sprache wiedergefunden:

Tiefe Depression und aufrichtige Rechtfertigung werden in diesem plakativen Diskurs thematisiert. Der Künstler hat bewusst eine klare, eine transparente Bildsprache gewählt und lässt uns damit tief in seine … äh … Seele … seine zerrüttete …“

Just in dieser Sekunde erbrach der Hund ein kurz vorher erlegtes acht Jahre altes Wurstbrot auf Eriks linken Schuh. Laut fluchend begann er sogleich in seinem Rucksack nach den Desinfektionstüchlein zu suchen, während ich sofort einen Sicherheitsabstand zu dem Debakel einnahm. Bernhard brüllte, ob er nicht ein einziges Mal vielleicht einen Gedanken bis zum Ende vortragen dürfe.

Das Ausweichmanöver hatte mich durch einen Gang in einen weiteren Raum geführt. Erik war mir gefolgt, um mir einen unbenutzten Zipfel seines Reinigungslappens anzubieten.

Dieser Raum war fensterlos und dunkel. Nur ein schwacher Lichtschein drang durch den Türrahmen. Hier sollten die geneigten Betrachter offensichtlich selbst auf Entdeckungsreise gehen und die Exponate in eine mystische Atmosphäre getaucht werden. Im Lichtkegel meiner Taschenlampe blickte plötzlich ein Mann auf uns herab. Voller Stolz und mit einer roten Schleife am Revers wies er uns bestimmend an, den Blick auf die gegenüberliegende Wand zu werfen. Irgendwie kam er mir bekannt vor ...

Die Erkenntnis kam so schnell, wie der röchelnde Vierbeiner wieder neben uns stand.

Wladimir Iljitsch Uljanow, bei uns besser bekannt unter dem Kampfnamen Lenin, wollte uns sein Verständnis von Kunst nicht vorenthalten. Sogleich tauschte ich mich mit Erik zu dem Gezeigten aus. Mehrere Semester Kunst- und Kulturgeschichte waren nicht spurlos an uns vorübergegangen.

„Mittels einer äußerst plakativen Bildsprache und einer konsequent harmonischen Komposition führt der Künstler alle Elemente vor, die nach der offiziellen sowjetischen Doktrin den Stolz einer sozialistischen Nation ausmachen sollen“, begann Erik.

„Das Volk als kollektiven Schöpfer von industriellen Meisterleistungen, Rückgrat der Armee und nicht zuletzt die Familie als Keimzelle des sozialistischen Arbeitervolks möchte uns der Künstler hier vermitteln“, führte ich seine Ausführungen fort.

„Einfach typisch für den Sowjetischen Realismus!“, schloss Erik die Betrachtungen.

Bernhard war uns leise schmollend gefolgt. Enttäuscht ob unseres Ausbruchs plötzlichen Kunstsachverstands hatte er wohl keine Lust mehr, sich zum fulminanten Finale unseres Ausstellungsbesuchs zu äußern. Zum Trost lud ich alle ein, abschließend einen Latte macchiato in der Cafeteria zu genießen. Ich freute mich bereits darauf, dass mir eine hübsche Kunststudentin hinter der Theke die Vielfalt der Röstungsvarianten ihrer Bohnen mit der Wandlungsfähigkeit eines Picassos versuchen würde näherzubringen, während ich in einem Stapel Bücher das gesehene ...

... wir betraten die Gastronomie. Seit vielen Jahren hatte dieser Raum keine Gäste mehr

beherbergt. Vermutlich waren zum Zeitpunkt seiner Aufgabe Kaffeevollautomaten noch nicht einmal erfunden worden. Freudlose Vandalen hatten das verbliebene Inventar respektlos zerlegt. Der Wind schlug eine Tür unrhythmisch gegen die kaum noch vorhandene Zarge. Jeder Schritt wurde von einem leisen Knirschen begleitet. Niemand sagte etwas.

Langsam stieg wieder dieses triste und melancholische Seufzen die Kehle hinauf. Wir kuschelten uns in einen Haufen Dämmwolle und genossen. Wir waren wieder angekommen. Im Jetzt. An einem längst vergessenen Ort.

Im Auge des Betrachters

Das Erholungshotel auf dem Sonnenberg im schönen Thüringen. Die Geschichte eines No-win-Szenarios.

Text und Fotos: Erik Haffner

Menschen, die sehr viel arbeiten, sollten ihre spärlich gesäten Urlaubstage mit Bedacht wählen. Diese kostbaren Stunden der Rekreation erscheinen einem oft wie funkelnde Diamanten in einem dunklen Bergwerksstollen der Tristesse. Wie blühende Inseln im Ozean des Alltags. Wie heiße Geysire in der Eiswüste des Lebens.

Gut, dass ich beim Fernsehen arbeite. Da hat man sehr viel frei. Also einfach mal wieder mit dem Finger auf die Landkarte und wahllos, fast schon gelangweilt, irgendwo hingetippt. Aha. Thüringen. Ich setze für einen zweiten Versuch ein wenig mehr links an, doch meine Freundin besteht auf die penible Einhaltung des Regelwerks. Außerdem würde sie gerne mal wieder ihre Familie besuchen. Panik steigt in mir auf. Eine Woche wandern, mästen und unser Hund Gundel wird wieder von den Katzen verprügelt. Doch bevor ich einen Antrag auf Befangenheit stellen kann, geht's auch schon los Richtung Osten. Ich nutze die nächsten 300 verruckelten Autobahnkilometer, um wenigstens durchzusetzen, dass wir in einem schönen Hotel schlafen und nicht auf der Ausziehcouch. Widerwillig spuckt mein Smartphone ein beeindruckend aussehendes Hotel aus, vor dessen ungewöhnlicher Fassade wir wenig später stehen. Wie eine überdimensionale Skischanze ragt dieser architektonische Traum in den photoshopbearbeiteten Himmel.

Die Aussicht in den oberen Etagen muss grandios sein, denke ich mir und beschließe, an der Rezeption alle Register zu ziehen, um ein Zimmer ganz da oben zu bekommen. Die Nummer mit der „Subcontabulatiophobie", der „Angst vor niederen Stockwerken", hat damals in Mailand ja ganz gut funktioniert. Ein Aufhüsteln meiner Freundin erinnert mich allerdings wieder daran, dass die gespielten Panikattacken in der Hotellobby, um meine Glaubwürdigkeit zu wahren, mit der Zeit ein wenig anstrengend wurden. Vielleicht fällt mir dieses Mal ja was Einfacheres ein. Besserer Handyempfang. Oder suizidale Tendenzen. Ich werde improvisieren!

Schon auf dem Weg zum Eingang bin ich von dem Sportangebot beeindruckt. Leider fällt Basketball bei mir wegen des offensichtlichen körperlichen Nachteils aus. Man kann sich seine Hautfarbe nun mal nicht aussuchen.

Die Lobby macht schon mal einen gemütlichen Eindruck. Altmodische Ledersessel harmonieren perfekt mit modernen Loungekissen im Matratzenlook. Die reduzierten Einrichtungselemente lassen den Raum auch nicht überfüllt wirken. Die Laune meiner facebooksüchtigen Freundin sinkt jedoch rapide bei einem Blick auf ihr Telefon: Null Balken und weit und breit kein WLAN-Netz in Sicht. „Vielleicht haben die ja einen Internetraum“, versuche ich zu beschwichtigen und halte nervös Ausschau nach dem Concierge.

Doch leider ist die Rezeption momentan nicht besetzt. Für ein 4-Sterne-Haus, in dem laut Internet zu DDR-Zeiten ausschließlich NVA-Funktionäre residieren durften, zwar kein guter Ersteindruck, aber das wird sicher einen triftigen Grund haben. Ein Blick auf das leere Schlüsselbrett verrät mir zum Beispiel, dass die Bude ziemlich ausgelastet sein muss. Das Personal hat bestimmt viel Stress. Insgeheim hoffe ich, dass meine Freundin nicht wie sonst dreimal umziehen will, bevor das perfekte Zimmer gefunden ist. Mein versöhnlicher Vorschlag, erst mal auf eigene Faust eine Runde durch die Anlage zu drehen und unseren Unmut später zum Ausdruck zu bringen, wird brummelnd angenommen. Ich bin guter Hoffnung, dass sie danach gar nicht mehr von hier weg will.

Betrachters

Drei Aufzüge scheinen mir für ein Hotel dieser Größe absolut ausreichend. Es gibt nichts Schlimmeres, als kostbare Lebenszeit damit zu verschwenden, mit anderen genervten Gästen stundenlang auf einen Lift zu warten, der dann auch noch die Größe eines Schulranzens hat. „Hier hat aber jemand mitgedacht!", teile ich meiner für solche Fakten leider nicht zugänglichen Freundin mit. Sie hat bereits festgestellt, dass der Paternoster rechts defekt ist.

Das Panel des einzig intakten Lifts lässt nur eine Fahrt in die unteren Stockwerke zu. „Das hat wahrscheinlich technische Gründe, die dem normalsterblichen Gast bei einem solch bienenstockgleichen und in seiner Komplexität kaum zu fassenden symbiotischen Gefüge verschlossen bleiben", hätte ich sagen sollen, wenn mir dieses Satzmonster spontan eingefallen wäre. Ich sage: „Äh …", und wir fahren in den Keller, wo die Stimmung meiner Freundin schon längst angekommen ist.

Unten um die Ecke entdecken wir ein Schild auf dem Boden, das die Vermutung zulässt, dass demnächst ein Themenabend „DDR – war gar nicht so doof, wie alle sagen“ stattfinden wird. Ich werde ganz nervös bei dem Gedanken, dass das Animationsteam vielleicht auch ein Musical mit Gästebeteiligung plant. Ich schlage meiner Freundin vor, gemeinsam mit ihr das Lied „Die Partei, die Partei, die hat immer recht“ zum Besten zu geben und stoße auf Ablehnung. Dass die Ossi-Mädels auch immer so empfindlich auf ihre Vergangenheit reagieren müssen.

Im Keller finden wir das gut sortierte Wintersportarsenal. Mit meinem geschulten Blick erkenne ich nicht nur die besten Modelle der Saison, sondern zeige meiner verblüfften Freundin auch noch den allerneusten Schrei, von dem ich neulich in einer Fachzeitschrift gelesen habe: Ein öldruckstoßgedämpfter Power-Carver mit einer aus Glasfasern und Karbon verstärkten Strebe, die zudem für einen um 30 Prozent besseren Rebound sorgen soll. Nur der kleine „UdSSR"-Aufkleber auf der Unterseite des Skis passt irgendwie nicht dazu. Nach dem ganz speziellen Blick, der in allen Frauen genetisch verankert ist und „Vergiss die Theorie und kümmer dich lieber um die Praxis!" sagen will, lege ich das Wundersportgerät reumütig wieder ins Regal und fühle mich klopsig.

Der Nassbereich haut mich um. Aufwendig gestaltete Steindekoration und das Poolwasser ist klar wie Bergluft. Und es riecht noch nicht einmal nach Chlor! Ich reiße mir die Klamotten vom Leib und setze zu einem Acapulco-Cliff-Diver-Sprung an, bis ich im letzten Moment das Schild sehe: „Nicht vom Beckenrand springen!“ Regel Nummer eins im Wellnesshotel: Verscherze es dir nie mit dem Bademeister! Er macht den Saunaaufguss! Das ist gerade noch mal gut gegangen.

Safety first! Die hier zu sehenden Notstrombatterien sollten uns locker über einen möglichen Atomkrieg bringen! Da fühlt man sich als Fan von postapokalyptischen Zombiefilmen sofort behütet und umsorgt. Meine Freundin, die eher den Romantic Comedys zugeneigt ist, möchte den Raum schnell wieder verlassen, weil ihr nach eigenen Aussagen „die ätzenden Dämpfe fast die Bindehaut von den Augäpfeln ziehen“. Vielleicht kann ich sie ja doch noch für das Splatter-Genre begeistern. Ich würde sie gerne mit einem „Pretty Woman“-Zitat aufmuntern, doch das Kratzen im Hals fühlt sich an, als hätte ich heute Morgen mit Rasierklingen gegurgelt. Raus hier!

Im Auge des Betrachters

Meine Freundin entdeckt die Rumpelkammer. Das hätte nicht passieren dürfen. Sofort fallen mir 3 plausible Theorien für dieses Chaos ein: Nach der Umstellung von Glühbirnen auf Energiesparlampen hat die Hotelverwaltung schon den nächsten logischen Schritt vollzogen: Den Austausch von 50er-Jahre-Schirmlampen durch voll dimmbare Halogenspots. Man muss einfach mit der Zeit gehen! Möglichkeit 2: Ein Mitarbeiter des Hauses mit dem Temperament und der Körperstatur des unglaublichen Hulk hat seine Kontaktlinsen verloren. Die dritte behalte ich dann besser für mich.

Der Frühstücksraum ist noch nicht bestuhlt und der Vorhang lässt die Vermutung zu, dass hier das Nichtrauchergesetz noch nicht ganz gegriffen hat. Wie viel Lungenvolumen sind wohl nötig, um diesen einst blütenweißen Vorhang dermaßen nikotinzuschwängern? „Ich mach uns einen Tisch im Außenbereich klar, Schatz!“, sage ich als fürsorglicher Beschützer, doch zu spät! Die Gardine des Grauens löst ein Trauma aus und meine Freundin wird just in dieser Sekunde zur militanten Zigarettengegnerin und malt mir in anschaulichen Bildern aus, wie sie zu Hause unseren Freundeskreis mit spitzen Bemerkungen und medizinischem Halbwissen terrorisieren wird. Ich mache mir in Gedanken eine Notiz, den anstehenden Grillabend erst einmal zu verschieben.

Endlich! Die Rooftop-Lounge! Der Ausblick ist so überwältigend, dass sich uns die Haare und der kleinen Gundel das Fell zu Berge stellen. Vielleicht liegt es aber auch an der Nähe zu den Hochleistungsantennen, die direkt über uns in die Luft ragen. Als das Kribbeln in den Plomben zu stark wird, reiße ich mich schweren Herzens von dem famosen Panorama los. Doch meine Freundin will noch bleiben. Sie hat Internetempfang! Mit androidenhafter Geschwindigkeit googelt sie das Hotel und schreibt eine 18-seitige Rezension, die nicht-jugendfreie Passagen enthält. Die Nummer hier ist gelaufen. Gundel, zieh dich warm an, Horrorkatzen, wir kommen!

Durch ein architekturnobelpreisverdächtiges Treppenhaus gelangen wir nach unten und in mir keimt die letzte Hoffnung auf, vielleicht durch einen saftigen Rabatt wegen der offensichtlichen Mängel meine Freundin doch noch zum Bleiben animieren zu können. Leider zerplatzt dieser Traum sofort wieder, denn wir können erneut niemanden an der Rezeption antreffen. Wie kann man in einem Edelschuppen wie diesem den Servicegedanken nur so mit Füßen treten? Wütend will meine Freundin dem Portier ein verachtendes „Saftladen!“ an den Kopf werfen, aber auch der ist wohl gerade zu beschäftigt, um anwesend zu sein und sich von uns beleidigen zu lassen. „Lange wird der Schuppen bestimmt nicht mehr so brummen“, denke ich mir und beschließe, eine wohlformulierte Mail an die Geschäftsführung mit Verbesserungsvorschlägen zu schreiben.

Als das Geräusch der zuknallenden Autotüren wie ein Donnerschlag in meinem Kopf langsam aushallt und die majestätische Freitreppe des Traumhotels auf dem Sonnenberg im Rückspiegel langsam kleiner wird, wage ich einen letzten Versuch:

„Wenn hier mal in der Nebensaison weniger los ist ..."
– *skeptischer Blick* –
„... und die kleinen Mängel behoben sind ..."
– *skeptischer Blick* –
„... und nach meinem Brief das unaufmerksame Personal komplett ausgetauscht wurde ...
– *skeptischer Blick* –
„... könntest du dir dann eventuell vorstellen ..."
– *skeptischer Blick, der jetzt schon Nein sagt* –
„... mit mir hier die Flitterwochen zu verbringen?"
– *feuchte Augen, zittriges Kinn, engelsgleiches Lächeln ... zu engelsgleiches Lächeln ... teufelsgleiches Lächeln* –
„Nur wenn die Hölle zufriert, Schatz!"

Ich gebe Gas und wir verbringen eine wunderschöne Woche bei meinen Schwiegereltern.

House of Burning Children Brains II
The Revenge

Text: Bernhard Hoëcker
Fotos: Erik Haffner, Tobias Zimmermann

HOTBCB II – Komplettlösung

An: Zimmermann Tobi, Erik Haffner

Kopie:

Blindkopie:

Betreff: HOTBCB II – Komplettlösung

Hallo Tobi, hallo Erik,

ihr wolltet doch wissen, wie sich das neue „House of Burning Children brains“ spielt. Einfach geil. Extrem abwechslungsreiche Level, coole Monster, schwere Aufgaben. Mal was fürs Hirn und mal einfach nur geschickt hierhin, und dorthin hüpfen.

Und im Gegensatz zu den letzten Teilen „Chainsaw in Your Backbone and A Small Piece of Wood Under Every Toenail“, ist in „The Revenge“ die Grafik weit besser und realistischer.

Das geht schon los, wenn das Spiel beginnt. Du stehst auf einem Hügel und schaust auf eine kitschige Herbstlandschaft. Unter dir liegt ein Haus, und es ist offensichtlich, dass man dort hinmuss.

Das ist allerdings nicht so einfach! Da ihr hier wahrscheinlich schon die ersten Schwierigkeiten bekommt, ein kleiner Tipp. Den Rest macht ihr dann aber selber.

Auf dem Weg dorthin läuft man eigentlich immer im Kreis. Wenn man aber an einem roten Hydranten vorbeikommt, musst du mit ihm reden. Er verwickelt dich in ein Gespräch, bis zwei Monster an dir vorbeilaufen, denen sollst du dann unauffällig folgen.

Wenn ihr durch die alte Holztür gegangen seid, wendet ihr euch im Flur nach links. Sucht den Heimleiter. Aber Vorsicht: Er stinkt!

Danach wird es leicht. Also, wenn nicht, dann hier noch ein Tipp: Er wird euch bitten, einen Schlüssel zu suchen. Ich dachte zuerst, das wäre sehr einfach, da ich im gegenüberliegenden Raum bereits das Schlüsselbrett gesehen hatte.

Aber wenn man nach einem der Schlüssel greift, dann wackelt der Bildschirm (soll wohl eine Explosion darstellen) und der Schlüssel fällt dir aus der Hand, nun musst du ihn suchen.

Leider sind ein paar der Gegenstände vergiftet und da der Schlüssel vom Spiel jedes Mal neu durch einen Zufallsgenerator versteckt wird, kann ich euch nicht genau sagen, wo ihr ihn findet. Einfach alles anfassen und auf das Icon mit der Nase ziehen. Dann kommen so Sachen wie „Hm ... alter Farbeimer!" oder „Reifen ohne Profil, auf italienischer Autobahn eingefahren" oder „Kleines Stück einer alten Decke - nein, Unterhose". In letzterem Fall würde dir ein Stück der Birken verloren gehen. Das sind Quasi deine Herzcontainer. Wenn alle 5 Birken weg sind, musst du von vorne anfangen. Hast du den Schlüssel gefunden, dann wirst du zu einer Tür geleitet, diese kannst du nun öffnen und hindurchgehen.

Du stehst nun vor der Wahl, nach oben oder unten zu gehen. Eigentlich ist die Reihenfolge egal, da du auf der Suche nach einem Schuh und einem Schnürriemen bist, die nachher zusammengesetzt werden müssen.

Ich bin erst nach unten gegangen und habe mich gewundert, denn die Treppe endet an einer Wand.

Offensichtlich geht es aber dahinter weiter. Ich habe eine ganze Weile gebraucht, aber wenn du direkt vor der Wand stehst, erscheint ein kleines Icon, auf dem ein Wachmann den Verbotsfinger hochhält, wenn du da jetzt draufklickst, laufen Hausmeister durchs Bild. Schnapp sie dir und schlage sie gegen die Wand. Erst saut sie nur voll, dann zerbricht sie aber irgendwann.

Wenn du weitergehst, kannst du keine Tür mehr öffnen und auch sonst nichts mehr anfassen, weil deine Hände jetzt schmutzig sind. Suche das Waschbecken und mache dich sauber. So lange, bis die stilisierte Mutter mit den erschrockenen Augen nicht mehr zu sehen ist.

Folge dem Gang, achte dabei auf die Tentakeln am Boden. Sie versuchen dich immer wieder festzuhalten. Die einzige Möglichkeit ist, Strg-Alt-L-Tab und AltGr-W-PfeilNachOben-Shift immer abwechselnd zu drücken, dann kommst du in so einen Hüpfmodus und gelangst ungehindert zum Ende des Flures.

Hier wartet ein Raum mit einem Kühlschrank auf dich.

Du musst ihn öffnen, indem du auf der Unterseite die Schräglagenausgleichsscheibchen in einer bestimmten Reihenfolge drehst: OR2l-UR3r-UL4r-OR2r-UR4l-OL2r-UR4l-UR2r-OL1l-UL4l-OR4r-UL3l-OR3r-URl5-UL5r-UR4l-UR2r-OL5r. Du musst dich sehr konzentrieren, bei jedem Fehler steht der Kühlschrank auf und frisst eine deiner Birken. Alternativ kannst du auch einfach die Tür aufziehen.

m Kühlschrank befindet sich eine Schüssel mit Nudeln. Nimm sie, stelle sie auf den Tisch, der dann erscheint, und fange an zu essen. Wundert euch nicht, wenn mmer wieder kleine Maden und Würmer auftauchen. Die müssen mit weg. Coole Soundeffekte.

ch glaube kaum, dass ihr es bis hierher geschafft habt. Deshalb: Wenn du alles

Geh zurück ins Treppenhaus.
Folge nun den Stufen nach oben.

Du kommst in eine Küche.

Deine Aufgabe besteht darin, die Suppe im Topf vorne rechts zu würzen. Das Rezept ist in Blut auf die Fliesen geschrieben. Gehe durch die Tür und zwei Räume weiter, da findest du frisch gepflanzte Gewürze. Nimm die Scherenfunktion, die du aus dem letzten Spiel noch für die Augen des Endgegners kennst, und schneide entsprechende Stücke ab. Achtung: Manchmal sind Birkenzweige darunter und die nehmen dir natürlich ein Leben, wenn du daran rumsäbelst.

Wenn du mit dem Würzen fertig bist, kommt ein Mitarbeiter oder so was rein. Sieht irgendwie komisch aus, hat einen hellbraunen Anzug, schütteres graues Haar und redet auf Saarsächsisch „Di Maua stäht noch hündat Joore do.“ Dann gibt er dir ein Buch.

Suche den Herausgeber und den Erscheinungsort sowie das Jahr. Bei mir war es der Bundesvorstand des FDGB, Berlin Treptow und das Jahr 1960.

Aber in einem Forum habe ich gelesen, dass auch das wohl dauernd neu generiert wird und man sich durch die 256 Seiten wühlen muss.

Gehe jetzt zum Telefon, wähle das Jahr des Herausgabe, melde dich als Herausgeber und sage, du willst ein Taxi zum Erscheinungsort.

Ich hatte erst einen Pizza-Dienst dran, dann kam ein Versandhauspaket mit Schränken, die keiner braucht, und den Escortservice werde ich leider nicht mehr los. Während des Telefonats wird das Gespräch unterbrochen, weil es anfängt zu brennen, du kannst nur noch durch den Lüftungsschacht raus.

Krieche den entlang. Aber pass auf, denn vor dir ist dieser andere Mitarbeiter. Wenn du ihn berührst und er dich bemerkt, nimmt er dich mit nach Chile. Und da weiß ich nicht, wie man wieder rauskommt.

Am Ende des Schachtes kommst du in einen Schornstein. Hier warten zwei Monster auf dich, die du am besten besiegst, indem du ihnen von Niels Bohr und irgendwelchen Verschwörungstheorien erzählst. Hierbei ist die Sprachqualität eigentlich egal, die Engine registriert nur die Sprechgeschwindigkeit und zählt Pausen. Je schneller du redest und je weniger Pausen du machst, desto schneller lassen die dich durch.

Wenn du oben angekommen bist, musst du runterspringen. Aber ACHTUNG: Versuche den überdachten Wandelgang zu treffen, der sich auf der Südseite befindet. Das Dach ist genau die paar Meter höher, damit du nicht stirbst. Landest du daneben, verlierst du alle fünf Birken auf einmal …

Unter dem Dach ist eine Art Joker, frage ihn. Er weiß eigentlich alles und ist die mit Abstand am besten gemachte Figur im Spiel. Sieht super aus und ist auch charakterlich überragend. Er schickt dich durch den Wald auf ein Feld.

Hier offenbart sich auch die einzige Schwachstelle des Spiels: Der Wald ist wirklich armselig dargestellt. Ich hoffe nach einem Update sieht er besser aus.

Im Wald findest du auf einer Lichtung einen Reifen: Dort musst du hineinspringen. Dann landest du in der …

... Unterwasserwelt.

Hier musst du das Wrack suchen.
Zähle die Anzahl der Stufen.

Folge nun den gelben Fischen.

Gehe die Leiter hinunter
und suche das große „X“.

Achte die ganze Zeit auf die Killermuscheln, sie versuchen dich zu fangen. Erst merkst du gar nichts, aber das Wasser wird immer röter und undurchsichtiger, bis das ganze Blut dir komplett die Sicht nimmt. Dann hörst du nur noch schrappende Geräusche und ein Knacken zeigt dein Ende an. Jetzt musst du von vorne anfangen. Ich schreib das nur, weil ihr hier mit Sicherheit nicht weiterkommt, wenn euch das keiner sagt.

Bist du bei dem „X“ angekommen, warte einen Moment, bis so ein großer, hässlicher Fisch vorbeikommt.

Davor ist noch ein kleinerer Kiemenatmer, der richtig gut aussieht. Er hat schwarze Punkte und macht irgendwie einen eckigen Eindruck. Schnapp ihn dir, nimm ihn aus und schmeiß alles weg – außer der Haut. Warte, bis die Haie das Meer wieder sichtbar gefressen haben. Bastel aus der Haut einen Schuh mit genauso vielen Löchern wie Stufen am Anfang des Schiffswracks. Wenn du jetzt den Schnürriemen aus der Nudelschüssel in der Küche durch diese Löcher ziehst, ertönt ein Gurgeln und das Wasser läuft ab.

Danach bist du wieder im Haus und sitzt in einem Badezuber.

Schalte das Licht an. Nun verschwindet das Monster neben dir in der Wanne.

Allerdings verwandeln sich die kleinen Kachelbecken nun zum Endgegner.
Große Metallkolosse, die scheinbar unbesiegbar sind.

Aber letztlich ist auch
das sehr einfach: Ziehe
die Flasche Zaubertrank
aus deinem Gürtel und
trinke sie leer.

Die Uranmaschine

Dr. Hoëcker, oder wie er lernte, den Reaktor zu lieben

Text und Fotos: Tobias Zimmermann

Das 20. Jahrhundert ist ein winziger Abschnitt auf dem Zeitstrahl, seitdem der Mensch versucht, sich halbwegs aufrecht durchs Leben zu schlagen. Trotzdem hat er gerade in dieser Phase durch eine Vielfalt an technischen Neuerungen diesen Planeten ganz besonders durcheinandergewirbelt. Nicht unbedingt alle, aber zumindest ein paar Leute, die sich nicht ausschließlich mit Rasenmähen, Trinkspielen und Bingo-Abenden beschäftigt haben, vollbrachten bahnbrechende Erfindungen, oder lieferten zumindest revolutionäre wissenschaftliche Erkenntnisse.

Über die Relevanz verschiedener Innovationen lässt sich trefflich streiten. Zweifelsohne stehen aber der Raketenantrieb und die (un-)friedliche Nutzung der Atomenergie ganz weit vorne auf der Hitliste historischer Einschnitte. Allerdings leidet nicht nur die Kombination von beidem seit geraumer Zeit unter einem massiven Imageproblem. Ein wilder Haufen Dauercamper im Wendland sei da nur exemplarisch für den ansteigenden globalen Protest gegen die Energiegewinnung mittels strahlender Elemente genannt.

Die Uranmaschine

Albert Einstein soll einmal gesagt haben: „Welch triste Epoche, in der es leichter ist, ein Atom zu zertrümmern als ein Vorurteil!"

Ein weiser Satz. Da die meisten Menschen statistisch gesehen aber immer noch nicht in der Lage sind, eine halbwegs saubere Kernspaltung durchzuführen, sollte man darüber nachdenken, sich von vornherein in der Zerstörung von Ressentiments zu üben.

Trotz unseres leidenschaftlichen Bestrebens für Toleranz und Nächstenliebe zu werben, beschäftigten wir uns an einem düsteren Vormittag dann doch lieber mit den Ursprüngen atomarer Grundlagenforschung.

Ich bin da an einer ganz großen Sache“, überschlägt sich Bernhard am Telefon. „Es geht zu den Wurzeln der praktischen Kernphysik! Ich habe die Koordinaten des ersten Versuchsreaktors der Welt ausfindig gemacht. Also da, wo die erste Kernenergie absichtlich erzeugt wurde. Wir müssen sofort aufbrechen!“

„Sicher. Aber ich habe leider meinen Geigerzähler gerade zur Repara ...“, weiter komme ich nicht. Bernhard hat bereits wieder aufgelegt.

Erik war mit seiner Freundin zu einem Wellnessurlaub nach Thüringen aufgebrochen, mir sind auf die Schnelle keine schlüssigen Ausreden eingefallen, sodass ich wenig später hochgerüstet mit meinem Fotoequipment und GPS-Empfängern zu Bernhard ins Auto steige. Unauffällig versuche ich das hastig in die Hosentaschen gestopfte Vogelfutter im Fußraum zu entsorgen und nur die so isolierten Jodtabletten übrig zu behalten und damit einen Vorrat gegen die Strahlenbelastung anzulegen. Mich beschleicht ein ungutes Gefühl. Bernhards euphorische Neugier verhält sich in der Regel umgekehrt proportional zu meinem Sicherheitsempfinden. Aber was soll an einem lange vergessenen Atomreaktor schon passieren.

Ich bezweifle, bei Eriks romantischem Ausflug in die sozialistische Entspannungsoase willkommen zu sein, und starre, mich meinem Schicksal ergebend, aus meinem Seitenfenster, wo nach kurzer Zeit nichts als monotone Baumreihen vorbeiziehen.

Unser Ziel ist das Gelände der ehemaligen Heeresversuchsanstalt Kummersdorf in Brandenburg. Das riesige Gelände blickt auf eine über 100-jährige Geschichte im Dienste der Erforschung von möglichst vernichtendem Kriegsgerät zurück. Für unser pazifistisches Gewissen ist es gut zu erfahren, dass hier ebenfalls zivile Rekorde zu verbuchen waren. Anfang des 20. Jahrhunderts wurde hier das damals tiefste Bohrloch der Welt erbuddelt, Eisenbahnpioniere bastelten die erste tragfähige Eisenbahnbrücke über einen kleinen See und einer ziemlich rasanten Dampflock gelang es, einen Geschwindigkeitsrekord von zu dieser Zeit unglaublichen 203 km/h aufzustellen. Die Leistungen auf militärischem Gebiet blieben lange Jahre geheim.

Als die letzten Truppenteile der russischen Föderation das Gelände 1994 räumten, ließen sie als Farewell-Gift noch den einen und anderen Hektoliter Kerosin und Altöl im Erdreich versickern, versteckten ein paar Tonnen Munitionsreste und überließen das Gelände dem Verfall und der Natur. Die war von nun an versucht, den Altlasten zu trotzen und buchstäblich Gras über die Sachen wachsen zu lassen.

Und jetzt kommen wir!

Wir „landen“ auf dem Flughafen in Sperenberg. Erich Honecker verbrachte hier seine letzte Nacht in Freiheit auf deutschem Boden, bevor er nach Russland ausgeflogen wurde. Wir verbringen hier hoffentlich keine Nacht und schon gar nicht unsere letzte. Im Gegensatz zum Ex-Staatsratsvorsitzenden haben wir aber auch keinen Haftbefehl im Nacken. Noch nicht ...

Von den ehemals 5000 stationierten russischen Soldaten ist auch nicht mehr viel zu sehen.

Baff von den Ausmaßen der Jumbo-Garage greife ich intuitiv zur Kamera und dokumentiere versehentlich die abgebildete Situation. Aktuelle Smartphones haben zwei Kameras. Eine nach vorn und eine zum Betrachter gewandt. Der narzisstische Nerd von Welt entscheidet sich offensichtlich für die „Ego-Cam“.

Wieder einmal verhindern es unsere mangelhaften Fremdsprachenkenntnisse, sich an den schriftlichen Empfehlungen der Ex-Eigentümer zu orientieren. Das nachträglich von unserem russischen Informanten Vladimir übersetzte Betretungsverbot hätte an dieser Stelle auch nur zu Verwirrung geführt.

Die Uranmaschine

Die nächste Koordinate soll uns zu den Überresten von Versuchsständen zur Erprobung erster Raketentriebwerke führen. Es liegt in der Natur des Versuchs, dass er gelegentlich misslingt. Die Tatsache, dass der Versuchsgegenstand hier größtenteils aus hochexplosivem Treibstoff und das Ganze mittlerweile 60 Jahre zurückliegt, lässt uns bereits auf dem Weg dorthin vermuten, wenig Funktionales am Zielort vorzufinden. Nach einigen Kilometern Fußmarsch tauchen dann die ersten Schemen von Mauer- und Betonresten aus dem feucht-diesigen Geäst auf.

Dass man aus Propellern und mindestens einem Paar Flügeln prima Fluggeräte zusammenkleistern kann, war bereits zu Anfang des 20. Jahrhunderts probiert und etabliert. Der deutsche Ingenieur Wernher von Braun gehörte in den 30er-Jahren zu den Leuten, die glaubten, mit einem Raketenantrieb die Fliegerei entscheidend verändern zu können. Stimmt auch. Fliegen kann man damit deutlich schneller. Notfalls auch vertikal und ohne Flügel. So kam man zügig auf die Idee, flügellose Varianten zu forcieren, mit unerfreulich explosivem Material zu füllen und diese dann möglichst bald in alle Himmelsrichtungen zu schießen. Man hatte es sich ja nun mal systematisch mit allen umliegenden Nachbarn verscherzt.

Auch wenn Herr Braun nach dem Krieg versuchte, seine Erkenntnisse nicht ganz freiwillig der amerikanischen Raumfahrt zukommen zu lassen, standen seine ersten Versuche und Tests doch mehr als deutlich im Zeichen der militärischen Nutzung. Dass der Beginn seiner wissenschaftlichen Karriere just in die Zeit des Nationalsozialismus fiel, schien ihn, im Gegensatz zu seinen Kritikern, nicht weiter zu stören. Ingenieure denken pragmatisch und bei seinem Nachnamen blieb ja auch nur ein Verein in dieser Zeit in Deutschland, dem man sich damit anschließen konnte.

Während wir uns weiter über das Geforsche ekelig opportuner Ingenieure den Kopf zerbrechen, krabbeln wir durch eine Lücke im Beton und entdecken das Herz der anvisierten Anlage.

Mein Handy piept. SMS von Erik: **SIND ANGEKOMMEN. HOTEL HAT CHARME. AUFZUG KAPUTT. KEIN WLAN. FREUNDIN UNENTSPANNT. LG ERIK**

Ich tippe heimlich zurück: **BERNHARD KAUM ZU BREMSEN. REGEN. NASSE FUESSE. SPAETER GEHT'S ZU 'NER STRAHLENDEN REAKTORRUINE. BERNHARD MEINT, DAS WAER NICHT**

Zur Rechten erblicken wir einen ca. 1 Meter breiten Kanal im Beton. Darüber hing ein Raketentriebwerk, von welchem der Strahl zu Messzwecken durch den kleinen mittigen Hubbel geteilt wurde. Wenn einem nicht die ganze Apparatur nach der Zündung prompt wieder um die Ohren flog. Dann galt es erst einmal, wieder einen neuen Messstand zu bauen.

Der Mensch, von Natur aus neugierig, wollte sich nicht nur auf die Messtechnik verlassen, sondern auch selbst einen Blick auf das explosive Geschehen werfen können. Bernhard gibt hier in einer kurzweiligen Inszenierung spontan den Wernher von Braun als strengen Beobachter.

Ich verpacke die Kamera und den Computer für die spontane Faktenrecherche und hechte Bernhard hinterher, der bereits die nächste Koordinate anvisiert. Just als mich ein dringendes Bedürfnis überkommt, werde ich einer lieblos abgelegten Schreinerarbeit gewahr.

Ob es sich hier um ein „stilles“ Örtchen gehandelt haben wird, ist auf einem Versuchsgelände für schwere Waffen und Artillerie-Geschosse zu bezweifeln. Trotzdem handelt es sich hier um ein Relikt von existentieller Bedeutung für die Wissenschaft. Kurzzeitige Abgeschiedenheit und leicht ins Unangenehme veränderter Äther, haben so manchem großen Denker den entscheidenden Impuls verschafft.

Ich wähle die Birke hinten links und warte erfolglos auf einen Geistesblitz, der die Weltordnung erschüttert.

Im Übrigen liefert mir das virtuos aus dem rosenrot getünchten Palisander geschnitzte Herz einen romantischen Gegenpol zu dem ganzen anderen Kriegskram, der hier so herumgammelt. Welch Wohltat für meine von der mich umgebenden militärischen Vergangenheit belasteten Pazifistenseele.

Sicherheit wird in diesen hochsensiblen Einrichtungen ganz großgeschrieben. Selbiges galt wohl nicht für's Personal. Der hier anvisierte Turm diente bei näherer Betrachtung mitnichten der Bewachung, sondern dem Training für mutlose Fallschirmjäger. Die Probanden hatten sich zu Übungszwecken von diesem Turm zu stürzen. Ohne Fallschirm. Nur an einer Art Gummistrapse. Unten gab's dann zur Sicherheit einen kleinen Sandhaufen. So versaut man sich wenigstens nicht die gepflasterte Auslegeware, wenn doch mal was schiefgeht.

Dieser Zeuge russischen Nahverkehrs auf dem Truppengelände hat vermutlich die Demontage der Feldbahnschienen verschlafen.

Schlecht für ihn; gut für uns: Fotos ramponierter Eisenbahnwaggons: +1

Die Uranmaschine

Es beginnt zu regnen. Schneeregen. Bernhard meint, das wäre nicht schlimm. Ich fürchte mich auch nicht vor dem Regen, sondern beginne hastig nach der Wahrscheinlichkeit radioaktiver Kontamination in unserer speziellen Situation zu googeln. Das Netz ist nicht stark genug. Oder durch die Alt-Strahlung gestört. Mit einem rhetorischen Kraftakt gelingt es mir, Bernhard zu überzeugen, den Weg zum Reaktor kurz zu unterbrechen und in einer nahen Halle Schutz vor dem von mir gefürchteten Fallout zu suchen.

Bei der Halle handelt es sich um eine Art Verladebahnhof der alten Feldbahn, die für den Transport von schwerem Gerät auf dem Versuchsgelände Gebäude und Einrichtungen verband. Wie an vielen der anderen Gebäude auch, sind deutlich die Spuren der Versuche zu erkennen, die Bauwerke mit einer guten Portion Dynamit zu zerstören. Offenen Wunden gleich ragen überall verbogene Stahlgerippe aus dem angesprengten Beton.

Verwundert entdecken wir im morastigen, von den Schienensträngen längst befreiten Gleisbett Unmengen an hölzernen und gut erhaltenen Behältnissen.

Der Versuch, die Beschriftung dieser Kisten zu ergründen, ist getrost als hochspekulativ zu bezeichnen. Es sei denn, man hat in der Volkshochschule den Kurs „Russisch Semester 19b / Munitions- und Sprengwaffenvokabular“ belegt. Haben wir aber nicht. Wir einigen uns darauf, dass es sich weder um Kopierpapier noch um Fruchtgummi gehandelt haben dürfte. Vermutlich.

Mir sind vor allem die noch verschlossenen Container nicht geheuer. Als Bernhard, im Wasser vor einer der Kisten kniend, mich um ein Stemmeisen bittet, versuche ich ihn doch lieber wieder vor die Tür in den unwirklichen Wald zu locken: „Keine 300 Meter entfernt erreichen wir die ersten Messstände der sogenannten Uranmaschine. Dem Gottower Reaktor.“

Das Areal, welches wir nun betreten, ist die Wirkungsstätte Kurt Diebners während des Zweiten Weltkriegs. Ein deutscher Kernphysiker, der genau an dieser Stelle mit seinen Versuchen im Uranprojekt erfolgreicher war als Werner Heisenberg, zu dem er mit einem anderen Ansatz in wissenschaftlicher Konkurrenz stand.

Die Umstände und Details der Versuche liegen teilweise immer noch geheimnisvoll im Verborgenen. Neben den messbaren Erfolgen gibt es Anzeichen für schwere Unfälle in den Tests, bei denen vermutlich einige Mitarbeiter verstrahlt worden sind. Wesentlich klarer ist es, dass Diebner ebenso wie viele seine Kollegen, über deren ehemalige Arbeitsbereiche wir an diesem Tag stolpern, zum opportunistischen Korps der deutschen Denkerelite gehörte. Obwohl er im Verdacht stand, seine Forschungen zielten auf die Herstellung einer atomaren Waffe im Dienste Hitlers ab, durfte er zwei Jahre nach Kriegsende bereits wieder in Deutschland arbeiten und sich weiterhin mit der Reaktortechnik beschäftigen.

Wieder einmal schüttelt es mich bei dem Gedanken an die Zeiten,
in denen Wissenschaftler sich so hemmungslos ihren Financiers ergaben.

Eine neue SMS von Erik lenkt mich ab:

HABEN DEN SKI-KELLER GEFUNDEN. ES GIBT ABER KEINEN SCHNEE HIER. WAS NUN?

Ich tippe: DAS IST MIR SO WAS VON ...

lösche den Text wieder und antworte: BEI UNS GIBT ES GEFRORENES WASSER. VERMUTLICH LEUCHTET DAS AUCH IM DUNKELN. FALLS WIR HIER HEIL WIEDER RAUSKOMMEN, ABSOLVIERST DU DIE NAECHSTE TOUR MIT BERNHARD UND ICH FAHR MIT DEINER FREUNDIN IN DEN URLAUB.

Keine Antwort. Komisch.

Wir gehen weiter und entdecken ein mutmaßliches Lüftungssystem. Um den oberirdischen Teil des Systems nicht zu entdecken, hätte man sich auch reichlich ungeschickt anstellen müssen. Wie ein 8 Meter hoher Lautsprecher ragt der Turm mit seinen lustigen Öffnungen aus dem Waldboden.

Für den Einstieg in dieses … Ding … gibt es verschiedene Möglichkeiten. Hinten durch die Tür und die Leiter hoch. Oder 10 Meter durch ein mit vermutlich Kerosin, Uran und Sprengstoff verseuchtes Erdloch gekrabbelt. Bernhard wählt Variante B. Ich verheimliche kurzerhand vor seinem Verschwinden, Variante A entdeckt zu haben.

Laut unserer sattellitengestützten Navigation geraten wir immer näher an den Kern unserer Forschung. Hier ganz in der Nähe soll ER sein. Der Überrest des ersten Atomreaktors der Welt.

Die Vorzüge von Tiefkühltruhen, elektrischen Zahnbürsten, Heizstrahlern und anderen hemmungslosen Energiefressern hin oder her, vieles wäre der Menschheit erspart geblieben, wenn es die Grundlagenforschung, die an diesem Ort stattgefunden haben muss, nie gegeben hätte.

„Wir haben ihn!", juchzt Bernhard plötzlich ein paar Meter weiter. Aufgeregt vergleicht er den von Efeu überrankten Betonhaufen mit seinen Aufzeichnungen.

Das ist das Fundament des Gottower Versuchsreaktors. Dem ersten der Welt. Was für ein Anblick ...“ begeistert er sich.

Von leichtem Unverständnis geplagt, gebe ich zu bedenken, schon wesentlich pittoreskere Relikte vergangener Tage gesehen zu haben und verweise auch auf die beschilderten Gefahren des äußerlich unspektakulären Hügels. Zu spät. Er ist bereits auf dem Weg durchs Unterholz. Direkt zu diesem Miniatur-Tschernobyl.

Mir wird schlecht.

Bernhards Mimik ist hier nicht unbedingt als „strahlend" zu bezeichnen. Gottlob! So bewahrt er mich vor einem Kalauer, der seine berufsbedingte Gesichtsakrobatik mit den immer noch messbaren Auswirkungen des radioaktiven Zerfalls um uns herum in Verbindung bringen würde.

Kurzfristig weiß ich es zu verhindern, dass Bernhard in einem angeblichen Schnellkochtopf beginnt, eine seiner berüchtigten Tütensuppen zuzubereiten. Das kindliche Befingern des ominösen Druckbehälters überlasse ich ihm trotzdem wohlwollend. Mir ist dieser Ort nicht geheuer …

Das ist er also, der Ort. Das Ziel unserer verstrahlten Reise. Der Ursprung allen atomaren Übels.

Irgendwie hatten wir uns das Teil spektakulärer vorgestellt. Was hatten wir erwartet? Eine riesige Kuppel, auf der 4,5 Meter lange degenerierte Frösche herumhopsen? Grell phosphorizierend leuchtend natürlich?

Vielleicht passt das Bild vor Ort aber auch viel mehr ins Konzept dieser ungeliebten Energie- und Waffentechnik: Es versprüht lediglich den Charme von einem überdimensionierten Kompostsilo eines städtischen Friedhofs.

SMS von Erik:
ABBRUCH, ABREISE UND AUS.
NEUER PLAN: WIR FAHREN JETZT ZU
DEN SCHWIEGERELTERN!!!

Noch betäubt von unserer Strahlen-Melancholie denke ich lange über eine Antwort nach. Von nun an kommunizieren wir wieder auf Augenhöhe. Warum sollte sein Tag besser enden als meiner?

Die alte Ziegelei

Ein Gedicht über Neugier, Mut und böse Orte

Text und Fotos: Erik Haffner

Im Wiesengrunde wohlgeborgen
Die Jahre zieh´n an ihr vorbei
Liegt sie gebeugt von all den Sorgen
Die längst vergess'ne Ziegelei.

Welch Schicksal musste sie ertragen?
Welch Sterne Fügung ward ihr hold?
Drei Wandrer stellten diese Fragen
Die Antwort wöge mehr als Gold.

Ein Verlies aus Rost und Stahl
Einst Kerker für welch teuflisch Biest?
Heute nur noch ein Fanal
Neben dem der Ginster sprießt.

Was sollten diese Stäbe bannen?
Welch Monstrums Zorn sie hielten stand?
Wir zogen wie der Wind von dannen
Bevor der Mut noch von uns schwand.

Im Lichte eines Gottes Fingers
Steht die Maschine still wie Stein
Ihr Zweck gewiss für nichts Gering'res
Als zu zerbrechen Menschenbein.

Welch armer Seele zartes Kleid
Ward hier geschliffen bis zum Saum?
Ein Duft von Marter, Pein und Leid
Liegt schwer wie Blei in diesem Raum.

Der Schlafstatt Ketten Eisenglieder
Sind für Tobi nun zu viel
Blass und fahl sinkt er darnieder
Eine Ohnmacht ihn befiel.

In den Schädel muss das Blut
Zum Glück der Rost hält sein Gewicht
Doch als er sieht, auf was er ruht
Er gleich noch einmal niederbricht.

Frische Luft belebt den Geist
Tobis Stirn vom Schweiß noch kühl
„Hier hört dich niemand, wenn du schreist!“
Sagt Bernhard ohne Feingefühl.

Ein Ofen aus vergang'nen Tagen
Doch die Kohlen sind längst kalt
An der Wand hängt angeschlagen
Der reudig' Pelz einer Gestalt.

Welches Tier war einst der Schal?
Nur der Gerber weiß es sicher
Wiesel, Gnu oder Schakal?
„Werwolf!" Bernhard rufts und kichert.

Im Innern hören wir sie splittern
Die Gebeine bleich und matt
Ich beginne gleich zu zittern
So langsam habe ich's hier satt.

Tobi starrt stumpf auf die Walzen
Grün vom Span der Jahre Zahl
Der Peitschenhiebe lautes Schnalzen
Versaut uns jäh das Mittagsmahl.

Eine Ziegelei ward dies hier nie
Darin sind wir uns gewiss
Ein dunkler Streich der Fantasie
Sich tief in unsre Seelen biss.

Am Wegesrand steht dicht bewachsen
Ein Grabkreuz, mahnt für jedes Kind
Doch Bernhard kann nur wieder faxen
Welch Memmen wir zwei doch nur sind.

Doch ich und Tobi sind uns ein
Verflucht war sie, die Ziegelei
Noch heute kreist am Feuerschein
Die Mähr von unsrer Narretei.

Drei Wandrer sind einst losgezogen
Die Neugier ihnen Kraft und Trieb
Die Wahrheit wurd nur leicht gebogen
Das Leben ihnen dennoch blieb.

Eriks Neue Wohnung

Der verzweifelte Versuch, „Mein Home ist mein Castle“ einfach zu wörtlich zu nehmen

Text: Bernhard Hoëcker
Fotos: Erik Haffner

Lieber Tobi,

Erik hat mir geschrieben, dass er eine neue Wohnung gefunden hat. Das freut mich sehr. Schließlich ist er ein Mensch, der das Neue liebt und ständig auf der Suche nach der nächsten modernen Errungenschaft ist. Er hat mir ein paar Bilder geschickt:

Trotz seiner paranoiden Angst zu allem hat er einen sehr freundlichen und einladenden Entree-Bereich gefunden. Wenn man hier als Besuch vorfährt, fühlt man sich direkt zu Hause. Also, wenn man auf Bewährung raus ist. Aber das trifft auf die meisten seiner Freunde zu. Hab ich Freunde gesagt? Egal.

Er meint, dass er fürs Wohnzimmer einen Maler engagiert hat. Die Ansage war „Rauputz und irgendwie mehr als nur Wischtechnik“. Dummerweise hat der Handwerker grade eine Scheidung hinter sich, seine Katze ist vergiftet worden und diese kleine entzündete Stelle am Gaumen, die man dauernd mit der Zunge berührt, will einfach nicht weggehen.

Am liebsten würde er den Neuen umbringen, aber der ist bei der Bundeswehr und hat 12 Meter NATO-Draht um das alte Ehebett gewunden. Dennoch ist der Mann wohl Optimist und sagte, er würde das im Moment ganz gut verarbeitet bekommen.

1
2
3

Der VORmieter hatte wohl Haustiere. Der VERmieter wohl was dagegen. So hat er den Sicherungskasten in einer Nacht-und-Nebel-Aktion um das arme Tier herum gebaut. Als dann morgens die Sicherung greifen wollte, machte es im Flur kurz „bruzzel" und abends gab's dann Wellensittichschenkel.

Eriks Neue Wohnung

Der Preis pro Quadratmeter ist zwar recht günstig, aber Erik meint, der Vermieter wolle das Geld irgendwie nicht per Bankeinzug oder Überweisung haben. Irgendwas in meinem Unterbewusstsein sagt „Obacht"!

Ich kann es noch nicht einordnen, aber ich glaube, er macht einen groben Fehler.

Aber der Kindergarten von gegenüber ist wohl ganz nett. Die Kinder sind artig, rennen nicht durch den Vorgarten und seit einer Woche spielen die auch kein Fußball mehr.

Die Stimmung unter den Mitbewohnern tendiert wohl eher in Richtung depressiv. Nachdem sich allwöchentlich jemand aus dem ersten Stock auf die Zwischenetage gestürzt hat, wurde vom Vermieter dem Ganzen ein Riegel vorgeschoben.

Na ja, wahrscheinlich hatte auch keiner Lust, den Lohn für die Reinigungskräfte dauernd in der Nebenkostenabrechnung zu finden.

Alternative: Erik hat ganz stolz erzählt, dass es im Treppenhaus sogar eine Kletterwand gibt. Ich glaube, da hat ihm jemand einen Bären aufgebunden.

Er hat schon ein paar Nachbarn kennengelernt, leider waren sie über das Einzugsgeschenk nicht so erfreut. Salz und Brot kam nicht so gut. Sie wollten eher Bier und Korn.

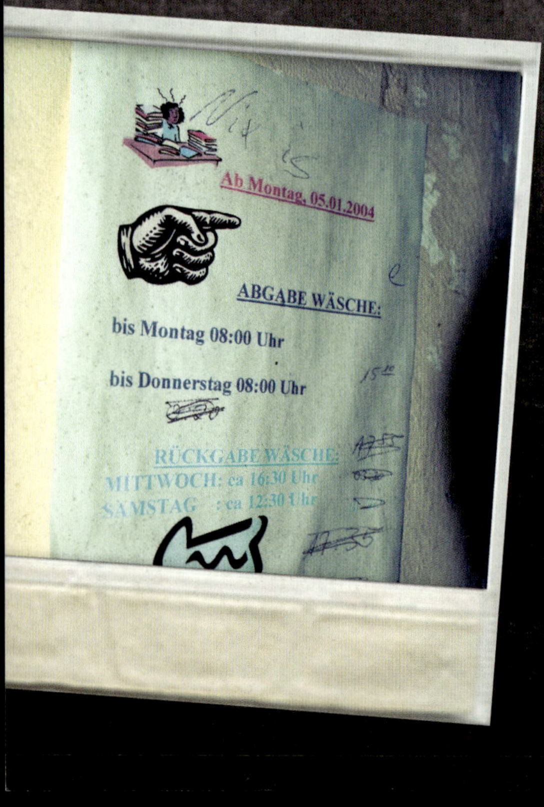

Ich dachte ja, er wäre so selbstständig und würde sich um seinen Kram selber kümmern. Aber vor Einzug schon mal den Mitbewohnern im Haus auf den Nerv gehen und Nachbarschaftshilfe einfordern? Das finde ich dann doch mutig.

Tja, Tobi, das zu den Bildern. Ich denke mal, er macht einen Riesenfehler und wird nur unglücklich.

Bernhard

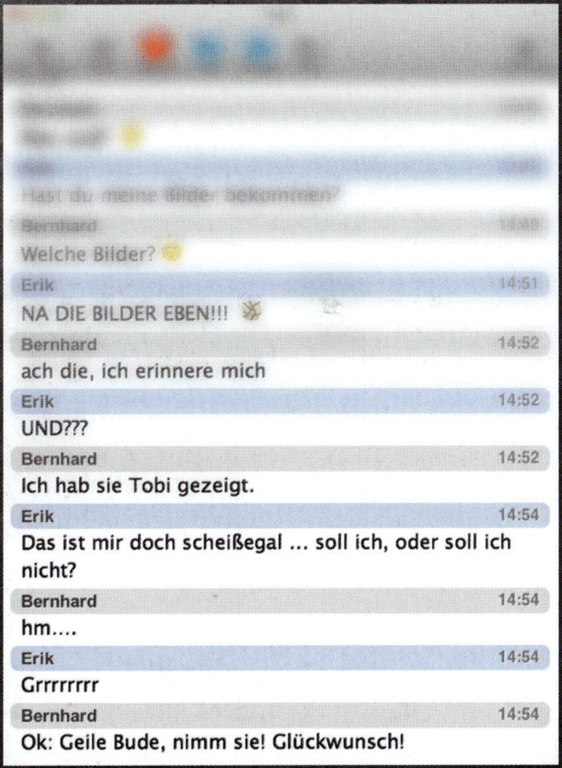
Bernhard
Welche Bilder?
Erik 14:51
NA DIE BILDER EBEN!!!
Bernhard 14:52
ach die, ich erinnere mich
Erik 14:52
UND???
Bernhard 14:52
Ich hab sie Tobi gezeigt.
Erik 14:54
Das ist mir doch scheißegal ... soll ich, oder soll ich nicht?
Bernhard 14:54
hm....
Erik 14:54
Grrrrrrrr
Bernhard 14:54
Ok: Geile Bude, nimm sie! Glückwunsch!

HØUSE OF BURNING CHILDREN BRAINS

THE DEATH OF A HELPLESS PERSON KILLED BY A SMALL BULLET SLAPPING THE BODY THROUGH THE LEFT HAND AND LEAVING THROUGH THE RIGHT EYE WITHOUT KILLING BUT BLEEDING SLOWLY

Text: Bernhard Hoëcker
Fotos: Erik Haffner, Tobias Zimmermann

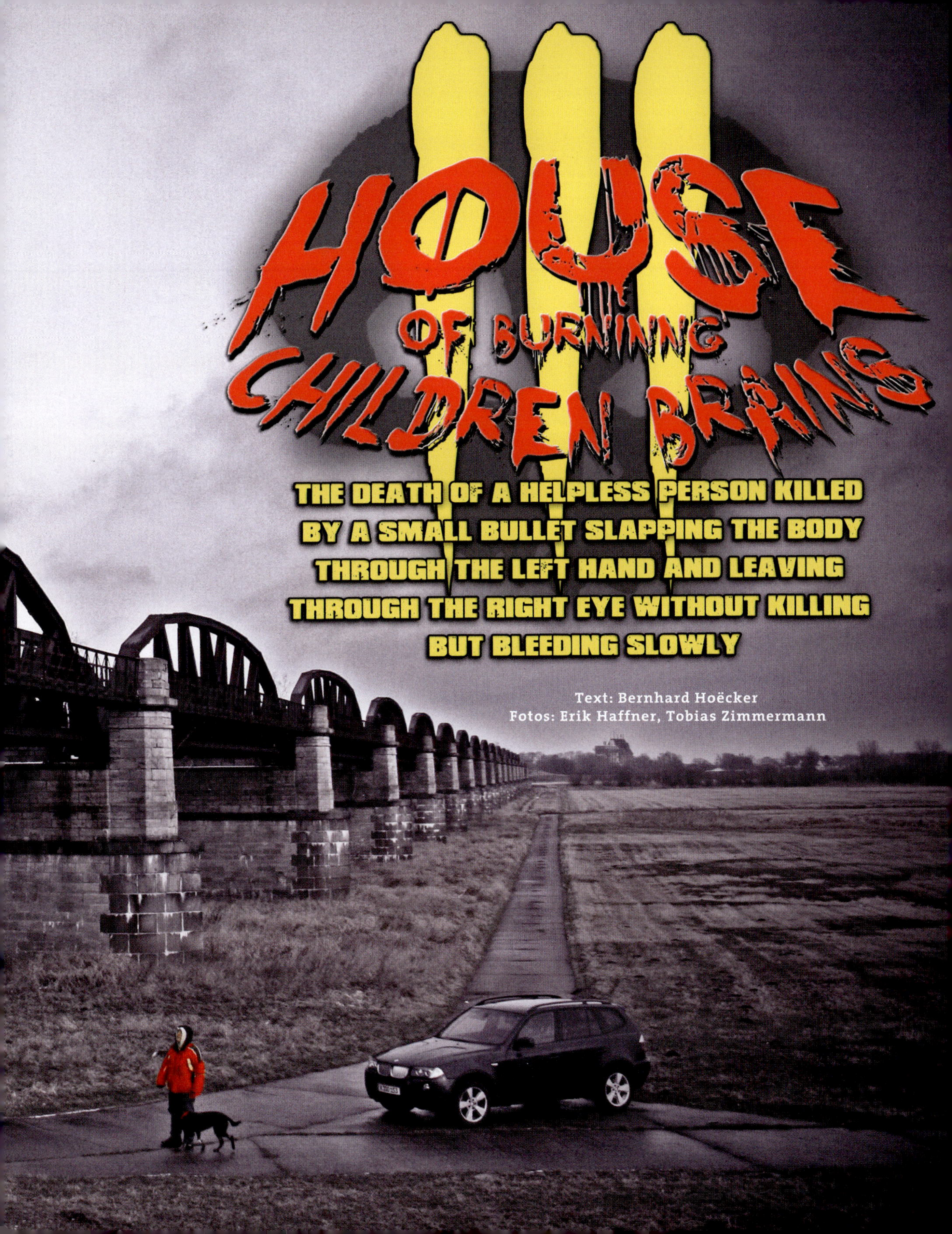

HOTBCB III (tdoahpkbasbstbttlhalttrewkbsb) – Komplettlösung

An: Zimmermann Tobi, Erik Haffner

Kopie:

Blindkopie:

Betreff: HOTBCB III (tdoahpkbasbstbttlhalttrewkbsb) – Komplettlösung

Hallo Tobi, hallo Erik,

ch hätte nicht gedacht, dass die so schnell mit dem dritten Teil von dem Computerspiel rauskommen. Ich war mit dem letzten Endgegner noch nicht ganz fertig, da kam in einem Forum schon die Info über den nächsten Teil. „The death of a helpless person, killed by a small bullet slapping the body through the left hand and leaving through the right eye without killing but slowly bleeding“ ist schneller und es ist mehr Action angesagt. Außerdem sieht die Spielfigur genauso aus wie man selbst. Bei mir war also ein Hoëcker-Avatar. So meint man dauernd, sich selbst zu begegnen. Ich hab mir das natürlich sofort runtergeladen und wie ich euch kenne, werdet ihr das nie ohne Hilfe hinkriegen. Deshalb auch diesmal ein Walkthrough:

Los geht es diesmal auf einem freien Feld. In der Videosequenz am Anfang fährst du mit deinem Auto durch eine von Atomkriegen zerstörte Stadt und landest vor den Resten einer Brücke. In einer Computerzeitschrift habe ich ge- fotos mehrerer echter Brücken zusammengesetzt ist. Der Bogen ist von der Deutzer Brücke in Köln, der Brückenboden von der Golden-Gate-Bridge mit der Textur von den Haaren Will Smiths, die Wiese ist dieselbe Animation wie beim Esel zu Shrek III und die Pfeiler aus einzelnen Steinen der Chinesischen Mauer, versetzt mit der Struktur der Kreidefelsen von Rügen. Die haben echt was drauf, die vietnamesischen Programmierer.

Wenn du die vier Köpfe am ersten Pfeiler in der richtigen Reihenfolge drückst, öffnet sich ein riesiges Tor und du kannst durch den Berg in das Reich der Böjaden, die die Weltherrhaft übernehmen wollen. Allerdings nur übergangsweise, weil sie eigentlich die Ringoleden vom Tarmir vertreiben wollen, die dort die gulkomedischen Grüdokaten aus Taurin während des dedasolischen Hubokalenfestes quer durch die Köladastenebene ins Drobonododenen Gebirge gejagt haben. Aber die Geschichte dürfte euch bekannt

Folge den Schienen
und du gelangst an eine
Verladestation.

Steige den Mast hoch und hänge dich an die herabbaumelnde Kette. Wider Erwarten wirst du nach oben gezogen und an einem Förderband direkt auf ein Gebäude zu. Am Anfang denkst du noch, es würde sich eine Tür öffnen oder so etwas Ähnliches, aber nein, du rast durch eine Lüftung in das Gebäude hinein. Je nachdem, wie hoch du gehangen hast, landest du nun in …

... Scheiben oder in Würfel zerschnitten im Raum. Setze dich wieder zusammen. Dieses Puzzle kann hin und wieder schon recht kompliziert sein.

Hier erwartet dich der erste Gegner. Das ist ein Daldrom. Er hat eine Laserwaffe. Damit er euch nicht wie sonst auch immer sofort erledigt, ein Tipp: Springe immer vom Geländer zu den Rohren, aber achte darauf, dass du nicht in die Bodenlöcher fällst.

Letztendlich besiegst du ihn, indem du zu deinem Heizlüfter greifst und die Raumtemperatur soweit erhöhst, dass er anfängt zu schwitzen und du einen Kurzschluss in seinem Schießeisen erzeugst. Aber Vorsicht, nicht zu lange, sonst explodiert er.

Hast du es wider Erwarten geschafft, öffnet sich eine Wand mit einem Rätsel. Hier musst du den Fehler in dem Satz finden. Es ist der fehlende Punkt am Ende. Ich habe auch etwas länger gebraucht. Wer weiß schon, dass „bereichert" nicht mit SCH geschrieben wird? Jetzt erscheint ein Telefon und du musst das Wort „PUNKT" per SMS eingeben. Nicht so einfach bei einer Wählscheibe.

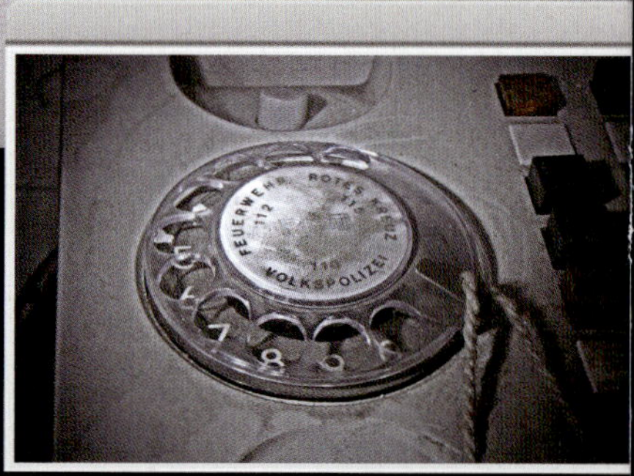

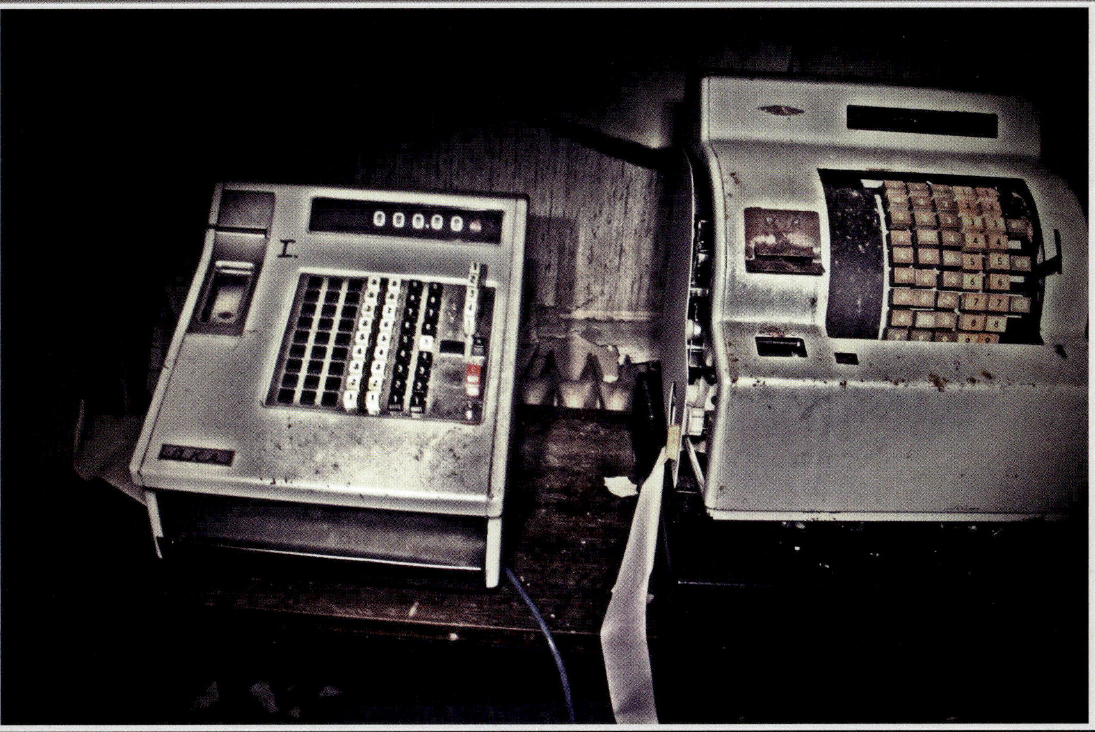

Als Antwort bekommst du eine codierte Botschaft. Der Code ist recht einfach. ROT 13, auch Caesar-Code, benutzt heutzutage jeder armselige Schatzsucher, um Hinweise zu verschlüsseln.

Du sollst den letzten Schutz suchen. Gehe durch die Gänge und du wirst ihn finden.

Nach drei oder vier Ecken gelangst du ins Freie. Pass auf, hier sind wieder diese Reifen aus dem letzten Spiel mit den ekligen Glibberviechern.

Verlasse das Gebäude und suche den Kopf in einer Wand. Es soll die neuseeländische Gottheit der Vergebung darstellen, „Hugelalo" auf Deutsch, so was wie „quallenschwarz". Tritt ihr ins linke Auge.

Jetzt fährt ein Schornstein aus dem Boden. Steige hoch und springe hinein.

Du landest in einer Waschmaschine.

ACHTUNG: Noch nicht die Tür öffnen.
Denn ein Wuschgohtel, der deine Form annimmt, versucht, dich mit einem Fußball zu treffen.

спорт служит
миру!

Verlasse die Waschmaschine erst, wenn er fertig ist und k. o. am Boden liegt. Jetzt solltest du die Gelegenheit nutzen und speichern. Die Pausenfunktion ist eh gut programmiert und sorgt auch mental für etwas Ruhe.

Suche im Raum nun nach den Plänen, die die Invasion auf Tarmir ermöglichen. Nur so wird die Erde die Böjaden los.

Aber beeile dich. Du hast nur 25 Minuten Zeit.

Wenn du länger brauchst, wird es eng, weil die Decken langsam einstürzen.

Also beeile dich, nutze die Pläne. Du musst auf die kleinen Details achten. So wird dir ein Kreis angezeigt, der scheinbar keine Bedeutung hat, aber den Brunnen im Schlafzimmer symbolisiert.

Fülle Wasser aus dem Becken in die Rillen der Bodenplanke, bis sie faulen. Tunke dann die Bettfedern hinein und verteile das Ganze auf dem roten Läufer. Drücke zuletzt auf den Feueralarm.

Das Licht geht aus und eine Elfe kommt dir zu Hilfe. Folge ihr zu einem Lichtschacht. Beuge dich raus. Aber achte auf das Monster, das hoch oben in einer Art Skilift über der Öffnung kreist.

Greife stattdessen nach den Insignien der Macht. Nun bist du stärker als die Ringoleden.

Einen Raum weiter musst du sie zur Suppe kochen und an die rechte (!) Wand schmieren. Nun wachsen Bäume vor dem Fenster und verdunkeln den Raum.

Von oben fällt dann ein Lichtschein auf
dich herab und erhellt den Raum.

Der Anführer – der gulkomedische Grüdokatenkönig – erscheint und offenbart dir, dass sich seine Rasse an das kalte Wetter des drobonododenensischen Gebirges angepasst hat und dort mangels Fressfeinden gerne bleiben möchte.

Aber er dankt dir für deine Mühe und überreicht dir eine große Tafel Schokolade, die du dir nur noch von der Wand nehmen musst.

Dann verschwindet er durch das Hubokalen-Tor und wünscht dir eine gute Zeit.

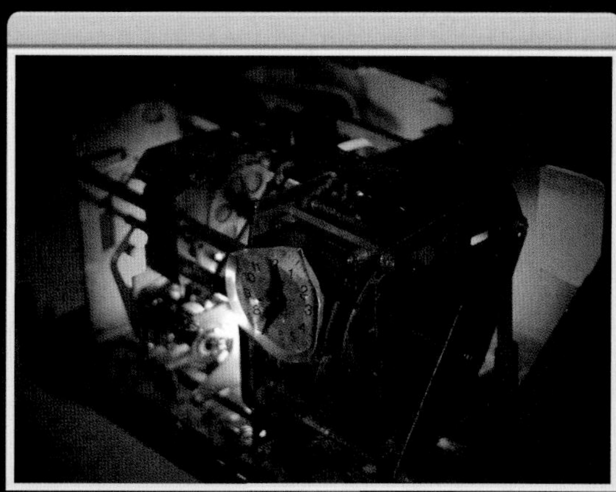

Zeitreise

Wenn die Fantasie mal Freigang hat

Text: Bernhard Hoëcker
Fotos: Erik Haffner, Tobias Zimmermann, Bernhard Hoëcker

Die Ausflüge zu alten und von der Natur in Rückeroberung befindlichen Anlagen sind für uns wie Zeitreisen. Zuerst bekommt man eine Art Prospekt, genau genommen einen Tipp, dann steige ich ins Auto, quasi meine Zeitreisemaschine. Ein metallener Kasten, hier ein paar Räder, da Knöpfe, an der einen Seite qualmt es, an der anderen leuchten helle Lichter. Es rumpelt und schaukelt, Windgeräusche umgeben mich, und ein paar Stunden später bin ich angekommen.

Zunächst wirkt alles ganz normal, die Bäume wehen im Wind, ein paar Vögel zwitschern. Doch wenn man auf das Gelände zugeht, meint man schon Stimmen zu hören – wie aus einer anderen Welt …

Da sind Sie ja! Bitte folgen Sie mir!" Es wäre wohl ein englischer Soldat gewesen, der mit seinem Finger in meine Richtung gezeigt und mich dann zu diesem großen, grünen Eisentor geführt hätte. Es würde kurz rucken, und im flackernden Licht einer gelben Rundumlampe schöbe es sich zur Seite, würde so im Gebüsch verschwinden.

Die Worte „Hier kommt man normalerweise nicht rein. Letzte Woche hat es einer versucht, sich aber nur schwer verletzt ..." gehen meiner Begrüßung voraus und ich folge ihr durch das geöffnete Tor auf ein kleines Wachhäuschen zu.

Mein Pass würde wohl eingesammelt und durch einen verknitterten Besucherausweis ersetzt. „CR – A", ist vielleicht in großen Lettern zu lesen. Ich habe keine Ahnung, was das heißt, aber den respektvollen Blicken der Umstehenden nach zu urteilen, ist es etwas Besonderes.

Anschließend zeigt meine Begleitung den Gang entlang, bedeutet mir, am Ende rechts abzubiegen, salutiert schließlich und verlässt das Gebäude durch eine kleine Tür. Für einen kurzen Moment sehe ich riesige Stahltaue, an einem Betonsockel verschweißt. Meine Blicke folgen dem Seil und ich sehe wieder diesen Mast. Was ist meine Aufgabe?, frage ich mich, als ich auch schon festen Schrittes dem angegebenen Weg folge.

Während ich durch die Gänge des Gebäudes laufe, meine ich, mich im Inneren eines Bienenstockes zu befinden. Überall ist heftige Betriebsamkeit zu spüren und zu sehen. Männer mit Papierbögen in der Hand verlassen einen Raum, nur um sofort wieder in einem anderen zu verschwinden. Wenn ich durch die angelehnten Türen sehe, erblicke ich Frauen an Tischen, die hektisch auf ihren Schreibmaschinen tippen und danach die Zettel an ihre Vorgesetzte übergeben, die eiligst den Raum verlassen.

Eine von ihnen rennt mich fast um. Sie sieht mich an, liest den Namen auf meinem Schild und sagt: „Ah, da sind Sie ja. Gehen Sie rüber ins Hauptgebäude, U-Teil B." Sie muss wohl meinen ratlosen Blick gesehen haben, denn sie spricht sofort weiter: „Zum ersten Mal hier? Nehmen Sie die Tür dort hinten und gehen Sie über den Innenhof. Vorsicht, die installieren gerade eine Maschine zum Ich-weiss-nicht-Was in der dritten Etage."

Ich bedanke mich und nehme, den Umschlag noch in der Hand, die nächste Tür, durch die Licht in den dunklen Flur scheint. Dann stehe ich zwischen engen Hauswänden eingeklemmt und bahne mir einen Weg zwischen den hohen Gebäuden entlang. Auf einem improvisierten Basketballfeld bleibe ich stehen und versuche, mich zu orientieren.

Von weit oben höre ich das Geräusch eines Kranes. Ich gehe um die Ecke, schaue hoch und staune über das große Gerät, das von einem auf dem Dach befindlichen Kran in eine offene Tür im dritten Stock gehievt wird.

Ich war im Freien und meine Neugier lässt es nicht zu, den Umschlag noch länger in meiner Hand durch die Gegend zu tragen. Ich öffne das Kuvert.

Heraus kommt ein Lageplan des Geländes. Ich lasse meine Finger über das graue Papier gleiten und finde mein Ziel. Das Gebäude „U“ in einem als „B“ markierten Teil des Areals musste das direkt vor mir sein und ich gehe über das außen angebaute Treppenhaus hinein. Kaum innen angekommen, eilt auch schon ein Soldat der Militärpolizei auf mich zu. Unsicher zeige ich meinen Besucherausweis, aber er scheint mich zu erkennen, zieht die Augenbrauen hoch und meint: „Ja, Cryptoabteilung A ... folgen Sie mir, wir haben auf Sie gewartet.“

Jetzt wusste ich auch, warum die großen Lettern „CR-A“ über meinem Namen prangten. Allerdings setzte man hohe Erwartungen in meine Person. Ich wurde nervös.

Über ein Treppenhaus gelangten wir in ein Kellergeschoss. Durch ein vergittertes Fenster erhaschte ich noch einen letzten Blick auf das Gelände, doch dann musste ich ständig auf meine Füße achten. Überall waren die Bodenplatten herausgehoben und Kabelstränge von Armesdicke kamen zum Vorschein.

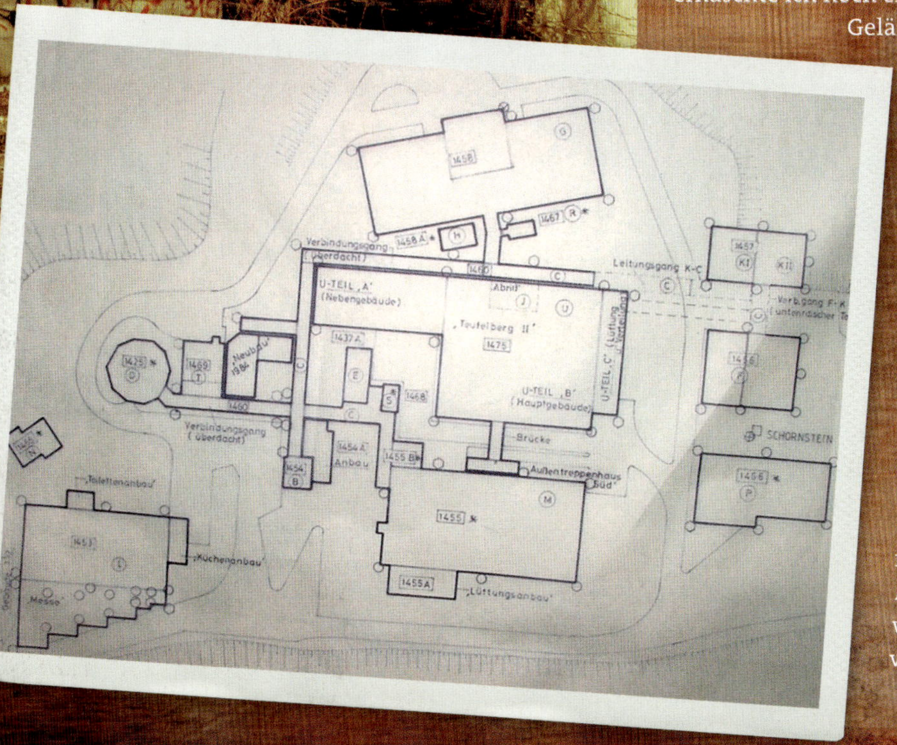

Die meisten in grau, aber auch in allen anderen Farben führten sie kreuz und quer unter unseren Füßen entlang und verbanden wahrscheinlich sämtliche Gebäude auf irgendeine Art miteinander. Doch damit nicht genug: Überall waren Arbeiter damit beschäftigt, weitere Kabel im Boden zu versenken.

Der Sicherheitsbeamte hieß mich warten und bog in einen Raum. Keine zwei Minuten später kam er, gefolgt von einem älteren Mann in grauer Anzughose und offenem weißen Hemd, die Zigarre locker im Mundwinkel, wieder heraus und verschwand hinter mir im Treppenhaus.

„Kommen Sie!", sagte der Weißhemdige. Sehr wortgewaltig schienen die hier nicht zu sein, und ich trottete ihm voller Erwartung, aber mal wieder wie ein Schaf hinterher. Aber schon eine Tür weiter bogen wir in ein Zimmer. Bereits die Gitter am Eingang ließen die Bedeutung des Raumes klar werden. Zwei riesige Tresortüren versprachen große Geheimnisse hinter ihren 30 Zentimeter dicken Stahlwänden. Langsam schoben sich die großen Metallstangen zurück und entsperrten die Tür. Langsam bewegten sich die tonnenschweren Gewichte in den Scharnieren. Dann sah ich in einen Raum voller Akten. Mein Begleiter ging an die linke Seite des Raumes, griff nach einem Papier und gab es mir in die Hand.

„Bitte, mein Herr! Man sagte uns, Sie seien der Fachmann. Die Gegenseite hat einen neuen Code und nur Sie könnten den entschlüsseln."

Ich schaute auf den Zettel und las:

```
CECWC LRQLS ISPDG YHWCP XSADX RDRLY
GVVRQ PLVLZ WWCSL XHRGU TWNNV XOEHF
MQYWM ZQLPV VKRQO TAXCE KOWVW RRHVQ
XZVED HYESX NLXRO WTSZL IFWSC GYIHV
CVRXH RGVKI IKIZS JWGIB IXWKI BEZVM
QIFSX JDRUP WTLZM QYZIM EUPWE IVRSI
ILVWV TBUIE MQYGS XLETQ YXJIW JLEPJ
NLGUM RKSJV LDGYE SYMAE IJEEZ YWERV
WUEZS ZMWXV DPZWU IFENV YMVDS EFYMB
UMISX
```

Jetzt wurde mir klar, was ich zu tun hatte: Meine Reise hatte mich in die am weitest östlich gelegene Abhöranlage der NATO auf deutschem Boden geführt. Der Klartext dieser Nachricht musste von unglaublicher Wichtigkeit sein.

Ich sah sofort, dass ich den Code niemals ohne Hilfe lösen konnte. Nachdenklich verließ ich den Raum. Der Mann rief mir hinterher: „Die Maschine, die Sie sich gewünscht haben, ist schon geliefert worden. Viel Glück!"

Natürlich, ich ging quer durch die Gänge und Flure, rannte wieder nach draußen, bis ich erneut vor dem Gebäude stand, an dem der Kran gerade noch seine Last abgeladen hatte. Das musste der neue Dechiffrierer sein. Schnell stürzte ich die Treppen rauf und in den dritten Stock. In einem Vorraum saß nur eine Mitarbeiterin, die darauf wartete, irgendwelche Texte oder Zeichen in eine Tastatur zu hämmern. Ich gab meinen Zettel mit den komischen Buchstaben der jungen Frau, die schräg über ihre spitz auslaufende Brille auf die Buchstaben blickte und sie in das Gerät vor ihr eingab. Sofort spuckte es hinten einen Streifen Papier mit Löchern an offensichtlich nicht zufälligen Stellen aus. Damit ging ich einen Raum weiter. Hier stand er, der wohl größte Entschlüsselungsapparat, der mir je begegnet war.

Ich wollte den Lochstreifen gerade in den dafür vorgesehenen Schlitz stecken, als mir ein Techniker, der an der offenen Tür nach draußen lehnte und scheinbar keine Höhenangst kannte, über die Schulter zurief: „Wir sind noch nicht fertig, der Kollege auf dem Dach muss die verklemmten Rollen erst auseinandernehmen."

Ich ließ mich nicht beirren, steckte den Stecker in die Dose und sofort startete das Gerät mit einem leisen Fiepen. Kurz darauf verschwand der Lochstreifen im Inneren des Gehäuses. Ich wartete, während es innen klapperte und knatterte. Hin und wieder drückte ich eine Taste da, drehte ein Rädchen dort.

Endlich fiel ein weiterer Lochstreifen in den Ausgabeschacht. Ich griff zu und ging zurück in den Vorraum. Wieder nahm die Kollegin mit dem altmodischen Minirock die Karte entgegen. Während ihre Schreibmaschine die Lochkarte in lesbare Buchstaben übersetzte, wunderte ich mich über diese offensichtlich erotisch gewollte, aber doch so bieder wirkende Oberbekleidung. Ihr keckes Lächeln ließ mich vermuten, dass sie sich selbst als äußerst attraktiv wahrnahm und sich gar nicht bewusst war, wie lange diese Mode schon her sein …

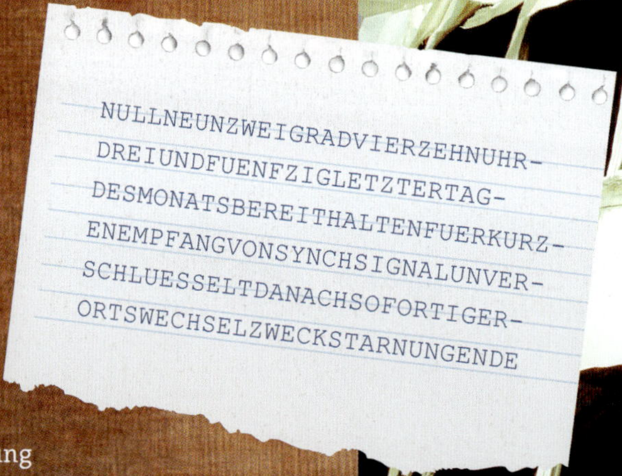

Da machte es schon „Klack“ und der Streifen mit Text wurde mir überreicht. Ich hauchte noch schnell ein erotisches „Dufte!“ zu ihr herüber, wie in alten Filmen, dann rannte ich los.

Ich vermutete, zur einmaligen Kalibrierung von Sende- und Empfangsanlagen von Spionen in ganz Westeuropa. Es war zehn vor drei, es blieben nur noch wenige Minuten. Ich rannte nach draußen und um das Gebäude herum.

Ich musste zu den Kuppeln und die Empfänger ausrichten, so wie es auf der Mitteilung angegeben war.

Ich stürmte durch eine Tür und jagte die Treppen hinauf, zehn, zwanzig, dreißig, ich weiß nicht mehr, wie viele Stufen es waren. Plötzlich erhob sich über mir eine riesige Kuppel. Ich war in der riesigen obersten Kugel angekommen. Jeder Schritt hallte minutenlang nach. Die Akustik war so atemberaubend, dass sie mich für einen Moment die Aufgabe vergessen ließ. Mit offenem Mund stand ich da und lauschte. Hier würden sich bestimmt hervorragende Tonaufnahmen machen lassen, aber das riesige Gerät in der Mitte des Raumes ließ das wohl nicht zu. Ich drehte es um 2,17 Grad nach Norden und gerade mal 24 Sekunden nach oben. Dann setzte ich mich erschöpft auf den Boden und schloss die Augen.

Irgendwann erwachte ich und erhob mich langsam. Müde stieg ich die Treppe hinab. Auf dem halben Weg nach unten sah ich eine Tür, ich öffnete sie und stand auf dem Dach. Ich ging ein paar Schritte nach draußen und blickte über die Stadt.

Die Dämmerung hatte sich bereits über die Dächer gelegt, es hatte geschneit.

Als ich nun dastand und die gigantische Aussicht genoss, hörte ich hinter mir ein Stimme: „Eh, wat machsten du da?!"

Ich drehte mich um. Das ist kein Soldat, auch kein bebrillter und behuteter Zivilist.

„Det is privat, hier dürfen Se nich hin, machen Se, det Se vom Jelände kommen!"

Ich schüttelte den Kopf und schaute mich um. Plötzlich setzte der Wind ein und riss Teile der weißen Turmverkleidung heraus. Stofffetzen der beiden Kuppeln zu meiner Rechten und Linken wehten über das Dach und drohten mich mitzureißen.
Ich beeilte mich, von hier wegzukommen.

Die vorhin noch weiß getünchten Wände färbten sich plötzlich bunt, Schriftzüge und schlechte Bilder waren zu erkennen. In den Fluren, in denen eben noch das Leben pulsierte, wurde es immer leiser, erst verstummten die Stimmen, dann ist selbst das Rattern der Rechner nicht mehr zu hören. Ein paar Leute am Ende des Ganges blicken mit Zetteln in der Hand zu mir rüber, bevor sie erst durchsichtig wurden, um dann gänzlich zu verschwinden.

Die Deckenverkleidung brach ein, Kabel fielen herunter und hängten quer über den Gang, die Bodenplatten brachen reihenweise ein.

Im Pförtnerhaus barsten die Scheiben, ein lauter Knall und ein Zischen zeigten an, dass das Stahlseil nicht mehr gespannt war. Als ich endlich draußen stand und mich umblickte, war der große Sendemast bereits verschwunden.

Während ich den Weg zum Eingangstor zurückging, sprossen Grashalme aus den Ritzen zwischen den Betonplatten, alte Reifen rollten von irgendwoher und kamen vor mir zu liegen.

Die im Boden versenkbaren Autosperren waren mit Splittern und Steinen verstopft, das Wachhäuschen hatte den Kampf mit den Pflanzen bereits verloren und war nur noch an den zerbrochenen Panzerglasscheiben zu erkennen.

Das Eingangstor bewegte sich kein Stück mehr. Die Räder, rostig, wie sie waren, ließen sich nicht mehr bewegen.

Ich drehte mich um und sah noch mal hinauf zu den stolzen Gebäuden und den erhabenen weißen Kugeln hoch über dem Gelände. Selbst die kaputten Scheiben, die besprühten Wände, vermüllten Wege und in Fetzen flatternde Verkleidung der Kuppeln ließen nicht darüber hinwegtäuschen, dass hier einst eine Menge Leben herrschte, wenn auch im Geheimen.

Ich sah den Platzwart oben am Wegrand stehen, winkte ihm zu und verschwand durch ein Loch im Zaun vom Gelände. Wie immer hatte ich nur Fußspuren hinterlassen und Fotos mitgenommen. Alles sollte so bleiben, wie es die Zeit gemacht hat. Ich stieg in mein Auto und fuhr los.

Ja, egal wie lange die Gebäude verlassen sind, egal wie sehr sie vom Zahn der Zeit zerstört wurden: Kaum geht man über die Gelände, macht der Geist seine eigene Reise und überlegt: Was könnte hier wohl los gewesen sein? Was hätte ich hier für eine Aufgabe haben müssen? Ja, was ...?

Was tun, wenn's geknallt hat?

Bernhards kleines Post-Apokalypse-Training

Text: Erik Haffner
Fotos: Erik Haffner, Tobias Zimmermann

Es gibt Menschen, die gehören eher zu der vorsichtigen und vorausschauenden Sorte: Sie schnallen sich im Bus an oder frieren Lebensmittel für den Fall ein, dass sonntags die Leberwurst ausgeht. Und es gibt die Draufgänger und Abenteuerlustigen: Sie trampen mit einem Schweizer Taschenmesser und einer Packung „Imodium akut" durch Libyen. Diese zweite Gruppe wird permanent durch die natürliche Auslese aus dem Genpool gesiebt. Das Letzte, was man von ihnen hört, sind oft Sätze wie „Hier gibt es schon lange keine Landminen mehr!" und „Oh schau mal, ein Delfin!".

Tobi und ich gehören laut Bernhard definitiv zu Gruppe eins, was man daraus ableiten könne, dass wir erstens noch leben und zweitens unsere Leberwurst mit Handschuhen aus dem Kühlschrank holen würden. Das ist natürlich falsch. Dadurch wäre der Arm ja vollkommen ungeschützt. Wir tragen auch Daunenjacken.

Nun scheint die Evolution eine beängstigende Modetorheit begangen zu haben und beide Typen zu einer neuen Gattung verschmolzen zu haben: Dem „vorausschauenden Draufgänger". Bernhard gehört dieser neuen Gruppe an. Diese von mir gerne als Hoëcker-Mutation bezeichnete genetische Veränderung bringt das betroffene Individuum dazu, höchst unwahrscheinliche Gefahrenszenarien durch noch gefährlichere Abwehrvorkehrungen entschärfen zu wollen. In etwa so, als wolle man eine Brandschutzübung durchführen, indem man sich die eigene Bude zum Test mal abfackelt.

Während man selbst im Gebäude ist.
Auf dem Dachboden.
Des Holzhauses.

In unregelmäßigen Abständen veranstaltet Bernhard deswegen Überlebenstrainings mit den Menschen, die ihm wichtig sind oder die nicht schnell genug wegrennen konnten. Einige Beispiele der letzten Jahre:

HERBST 2007:

Was tun, wenn die Bärenpopulation in Mitteleuropa exponentiell ansteigt? Baumklettern mit Bernhard.

FRÜHLING 2008:

Was tun, wenn die Nahrung knapp wird? Auch niedere Pflanzen können schmackhaft sein! Bernhard im Moosgarten auf dem Dach seines Hauses in Bonn. Dabei ein Glaser, der eigentlich nur die Oberlichter reparieren wollte, aber nicht schnell genug wegrennen konnte.

SOMMER 2009:

Was tun, wenn man ständig seinen Haustürschlüssel verliert? Schlosserworkshop mit Bernhard in seiner bärensicheren und moosverkleideten Werkstatt.

Bei den wenigen, die eines von Bernhards Trainings ohne Folgeschäden überlebt haben, setzt bei harmlos wirkenden Fragen wie „Wisst ihr eigentlich, was Tetrodotoxin macht?" ein sofortiger Fluchtreflex ein. Alle anderen mussten sich im Frühjahr 2010 ein mehrstündiges Referat über das mögliche Eintreten einer Zombie-Apokalypse anhören. Denn wenn man zu viel Zeit bei Wikipedia verbringt, stößt man irgendwann unweigerlich auf bizarre Geschehnisse und Fakten. Wenn man aber noch sehr viel mehr Zeit bei Wikipedia verbringt, stößt man auf den Fall von Clairvius Narcisse, der laut Bernhards lückenloser Recherche in den 60er-Jahren auf Haiti durch das Gift Tetrodotoxin in einen leichenähnlichen Zustand versetzt wurde und für tot erklärt wurde. Anschließend durch ein Stechapfelextrakt, das in bestimmten Dosen zu Halluzinationen und Gedächtnisverlust führt, zum willenlosen Zombie gemacht, musste Narcisse mehrere Jahre auf der Plantage seines Peinigers arbeiten, bis dieser starb. Der Zombie-Mythos war geboren!

Und das ist nur ein Beispiel von vielen, wie unser Planet zugrunde gehen kann. Und wir sollten uns verdammt noch mal darauf vorbereiten! Meint Bernhard, der am gleichen Tag noch „Armageddon", „Mad Max" und „Radioactive Dreams" angeschaut hat, während er gleichzeitig „Left 4 Dead" gespielt und das neue Album von „You all gonna die!" angehört hat. Also, was tun, wenn die Welt, wie wir sie kennen, durch Zombies, Eiszeiten oder den ganz großen Knall unbewohnbar gemacht wird? Wo bist du, wenn die Apokalypse anklopft? Wie überlebst du die kritische erste Phase? Wie schaffst du es, eine neue Weltordnung aufzubauen? Wie manipulierst du die Geschlechterverteilung auf 5 zu 1 zu deinen Gunsten? Wichtige Fragen, die sich Bernhard in schlaflosen Nächten und bei einsamen Spaziergängen durch seinen Moosgarten stellt. Die Antworten suchte er mit uns bei einem Trainingscamp in Münchens Unterwelt, das uns an unsere Grenzen führte.

DER EINSTIEG: Keine Fußmatte, kein Briefkasten, kein Namensschild aus Salzteig. Und doch ist dies unsere Haustür zu einem simulierten Leben unter vielen Metern schützenden Stahlbetons. Einladend sieht es nicht gerade aus und den klaustrophobischen Teilnehmern gibt Bernhard nur den gut gemeinten Rat: Face your Fears! Stelle dich deinen schlimmsten Ängsten! Und damit meint er NICHT meinen immer wiederkehrenden Albtraum mit den zu weichen Frühstückseiern.

ABHAKEN: Ein Kombi voller Ausrüstung will gecheckt werden. Und dabei macht mein Fotoequipment wirklich nur entspannte 75 Prozent aus. Wie durch ein rosa Teleobjektiv sehe ich nicht, auf welche Katastrophe wir da zusteuern.

ROHRBRUCH: Bernhard hat aus Sicherheitsgründen das Trainingsgelände fluten lassen. Das soll wilde Tiere und nichtschwimmfähige Zombies davon abhalten, uns zu folgen.

Er demonstriert uns, auf welche Art man sich trockenen Fußes durch das Areal bewegen kann. So einfach und zugleich effektiv kann ein Sicherheitssystem aus günstigen Metallkörben sein. Ich stelle mich unbeholfen an und Bernhard bemerkt, dass die Kette nur so stark sein kann wie ihr

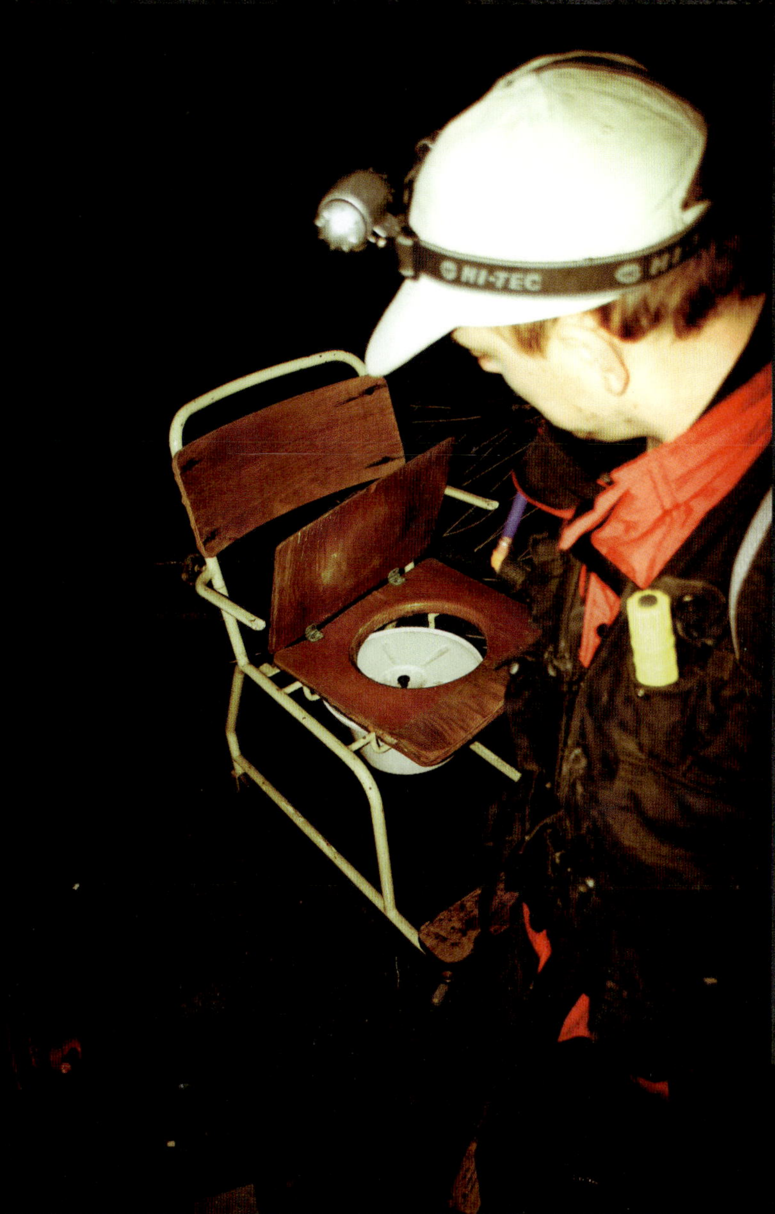

AUSSITZEN: Die sanitären Anlagen sind einfach, aber funktionstüchtig. „Eitelkeiten und Schamgefühl verliert man schon in den ersten Monaten komplett", klärt uns Bernhard auf.

PRAKTISCH: Die vorportionierten Nahrungsrationen können im kühlen Wasser gelagert und beim Vorbeischwimmen verzehrt werden. So spart man sich lästige Wege zum Hauptenergieverbraucher Kühlschrank, den wir nicht haben.

DRESSED TO SURVIVE: Auf Dauer zehrt der feuchte Boden immer mehr an den Nerven und birgt eine Unterkühlungsgefahr. Doch Bernhard hat mitgedacht. Wasserfeste Beinkleidung soll das Leben untertage komfortabler machen. Wie beim Sporttauchen greift auch bei uns das sogenannte Buddy-System: Die „Buddys" kontrollieren sich gegenseitig den sicheren Sitz der lebenserhaltenden Teile wie Wathose, Stirnlampe und 80er-Jahre-Metal-Band-Pullover.

DAS EICHHÖRNCHEN-PRINZIP: Um jederzeit Zugriff auf Nahrungsreserven zu haben, versteckt Bernhard an den verschiedensten Stellen kleine Essensrationen, bestehend aus Proteinkeksen, Vitamintabletten und McDonald's-Kids-Menü-Gutscheinen.

Auch an der wahrscheinlich kontaminierten Oberfläche müssen für Außenmissionen die praktischen Packs platziert werden. Bernhard deutet an, dass dies das letzte Sonnenlicht sein wird, das wir für viele Tage sehen werden. Das Bürogebäude rechts wird wohl irgendwann ein zombieverseuchtes Fanal der „alten Welt" sein, doziert Bernhard verheißungsvoll. Tobi schlägt die Endzeitstimmung schwer aufs Gemüt.

EIERTANZ: Immer tiefer führt uns Bernhard in unsere neue Behausung und immer beschwerlicher wird der Weg. Vor allem für diesen Zeugen Jehovas, den Bernhard am Bahnhof rekrutiert hat und der aus religiösen und ästhetischen Gründen keine Wathose tragen kann.

Wir erkennen zunehmend, dass uns nicht nur die körperliche Anstrengung zu schaffen machen wird, sondern vor allem die psychologische. Werden wir imstande sein, diese Strapazen zu überstehen? Wird uns die Enge und Dunkelheit in den Wahnsinn treiben? Was tun, wenn uns Angst und Isolation verrohen? Legen wir vielleicht alles Menschliche ab? Wie weit werden wir gehen? Und: Wird der Zeuge Jehovas tatsächlich nach Hühnchen schmecken?

PERFIDE: Die Spiegelungen im Wasser lassen die Räume nicht doppelt so groß, sondern nur doppelt so eng vorkommen. Es scheint aus den Rohren zu flüstern und die Stimmen hören sich an wie Bernhard. Gruselig. Wir sehen nach einiger Zeit huschende Schatten an den Wänden, die alle aussehen wie Bernhard. Irgendwann zucken wir bei jedem Tropfen, der ins Wasser fällt, zusammen – wie kleine Mädchen. Ein verrücktes Kichern lässt uns das Blut in den Adern gefrieren. Es ist Bernhard. Doch unsere Fantasie spielt uns im Minutentakt weiter böse Streiche. Tobis Vorschlag, alte Wanderlieder zu singen, stößt zuerst auf Ablehnung. Als wir aber eine schäferhundgroße Ratte an uns vorbeischwimmen sehen, rettet uns „Bolle reiste jüngst zu Pfingsten" vielleicht das Leben.

DIE GUTE NACHRICHT: Einzelzimmer. Die schlechte: siehe links. Ich frage mich, ob diese Tür einst etwas drinnen oder etwas draußen halten sollte? Bilder von sadistischen Nazidoktoren und verlorenen Seelen, die hier ihr Ende fanden, geistern durch meinen Kopf. Ob ich hier ein Auge zumachen kann? Werde ich mich von tausend Augen beobachtet fühlen? Wie werden sich wohl Schreie durch diese Stahltür anhören? Jedes verhasste Feldbett in jedem verfluchten Campingurlaub erscheint mir nun wie ein weltraumgetestetes, viskoelastisches Tempur-Nest im Feenland.

Die Gänge wirken unendlich lang und der Schall unserer Worte bricht sich vielfach am kalten Stein. Ich hoffe, dass die Zwerge hier unten nicht zu gierig gegraben haben und der Balrog friedlich in seiner Höhle schläft. Ich bereue zum ersten Mal in meinem Leben, „Herr der Ringe“ gesehen zu haben. Bernhard summt daraufhin die Filmmusik und ich weiß, dass ich nie wieder „Herr der Ringe“ sehen kann.

TASCHENLAMPENLAGERFEUER: Tagebuchschreiben scheint das Einzige zu sein, was unsere Sinne zusammenhält. Die Reflexion mit sich selbst und das kleine bisschen Intimsphäre, das einem ein Blatt Papier und ein Stift geben können, sind wie Felsen in der Brandung im Ozean der Verzweiflung. Nur mühsam können wir den Zeugen Jehova davon überzeugen, dass nach 30 Minuten noch nicht allzu viel Verzweiflung niedergeschrieben werden kann. Er weint und wir müssen ihn zurücklassen, meint Bernhard.

Er bricht das Training ab. Er könne nicht mehr für unsere Sicherheit garantieren, zu labil schätzt er unsere Gemüter ein und außerdem hätte er jetzt hier unten alles gesehen.

Nach gut einer halben Stunde unter der Erde fühlen wir uns der Aufgabe nicht mehr gewachsen. Zu real scheint uns die Endzeit-Bedrohung, zu greifbar hat Bernhard uns immer und immer wieder mit Details gefüttert. Vielleicht haben uns die Konsumgesellschaft und das warme Nest der zivilisierten Welt weich gemacht. Als seelische Wracks wollen wir aber nicht enden. Auch wenn der Preis für das Aufgeben – wie Bernhard uns auf dem Rückweg eindringlich erläutert – vielleicht ein grausamer Strahlentod sein wird. Stolpernd erreichen wir das Tageslicht und fallen auf die Knie. Wir fühlen uns wie neugeboren, die Luft schmeckt nach einer zweiten Chance. Vielleicht können wir die Katastrophe ja irgendwie noch aufhalten! Es darf doch noch nicht zu spät sein! Hoffnung sehe ich in Tobis Gesicht, Skepsis und Enttäuschung in Bernhards. Ich sehe wahrscheinlich einfach nur so aus, wie ich mich fühle: Müde, hungrig und um Jahre gealtert. Wir plündern die McDonald's-Kids-Menü-Gutscheine aus den Überlebenskapseln und schlagen uns die Bäuche voll, während Bernhard gut gelaunt „Herr der Ringe" summt. Ich denke an den Zeugen Jehovas und wie er wohl dort unten weiterleben wird. Bilder von einem „Wachturm"- verkaufenden Gollum und seinem Wathosentragenden Zombie-Heer verfolgen mich noch jede Nacht bis zum heutigen Tag. Nächstes Mal werde ich schnell genug wegrennen, wenn Bernhard eine Idee hat. Das schwöre ich!

Einmal richtig entspannen

Von den Tücken moderner Marketingstrategien

Text: Bernhard Hoëcker
Fotos: Tobias Zimmermann

Das Schöne an harter Arbeit ist ja, dass man sich danach so richtig von der Mühsal zu Boden gedrückt, aber sich irgendwie auch gebettet fühlt. Die Knochen schmerzen und bei jeder Bewegung fragt man sich, ob es nicht die letzte sein werde.

In einem dieser Momente entschloss ich mich ein paar Tage auszuspannen und die Seele baumeln zu lassen. Doch wohin? Zum Glück gibt es ja den Dienstleistungsbereich des Reise- und Verkehrskauffraumannsgewerbe. So betrat ich in einem der wenigen Momente, die mir meine maladen Glieder zur Verfügung stellten, ein Reisebüro und ließ mich beraten.

Einen wunderschönen guten Tag, Herr Hoëcker, ich habe hier genau das, was Sie suchen. Eine kleine, schnuckelige Anlage zum Entspannen und Erholen, und gar nicht so weit. Eine Stunde von hier entfernt. Ich habe hier ein paar Bilder:

Schon wenn Sie in die Auffahrt hineinbiegen, erblicken Sie das stolze Gebäude, das eine Ruhe und Kraft ausstrahlt, die sich sofort Ihres Gemütes bemächtigen wird.

Steigen Sie nach der Ankunft das prachtvolle Treppenhaus empor. Genießen Sie jede einzelne Stufe, verharren Sie auf jedem Absatz und bestaunen Sie den stilsicheren Umgang mit verschiedensten Baumaterialien und das Flair, das die Einrichtung ausstrahlt.

Aus der Vielzahl an Zimmern suchen Sie sich das aus, das Ihnen am besten gefällt. Behaglich eingerichtet und den verschiedensten Bedürfnissen angepasst, wartet ein bunter Blumenstrauß an Einrichtungsmöglichkeiten darauf, bestaunt zu werden. Sei es nun Ruhe, Entspannung oder Abwechslung, für jeden ist etwas dabei. Helle, lichtdurchflutete Räume wie unsere Embassador-Lounge für diejenigen, die den grauen Alltag hinter sich lassen wollen. Hohe, aufgebockte Bettebenen zur Entlastung von Hüfte und Knien und wer seine Geschäfte nicht vernachlässigen kann, aber trotzdem Erholung sucht, ist bei uns natürlich richtig aufgehoben.

Jedes Zimmer ist mit einer modernen Kommunikationsanlage ausgestattet. Die deutsche QWERTZ-Tastatur wird auf Wunsch auch in anderen Sprachausführungen auf Ihr Zimmer gestellt, von dem jedes über einen kostenfreien Offlinezugang verfügt. Eine große Zeitschriftenauswahl steht Ihnen täglich zur Verfügung, so bleiben Sie up to date, und die offene Minibar kühlt auch an heißen Augusttagen das Zimmer auf angenehme Raumtemperatur herunter.

Nach Ihrer ersten Nacht sollten Sie erst einmal unser deftiges Frühstücksbuffet nutzen. Leichte Vitamine, aber auch Deftiges geben Ihnen die Energie für einen ereignisreichen Tag. Nutzen Sie die Gelegenheit zu einem Plausch mit den Mitbewohnern.

Einmal richtig entspannen

Anschließend empfehlen wir, direkt mit dem Wellnessprogramm zu beginnen. Unser attraktiv gestalteter Nassbereich lässt Sie schon nach den ersten Schritten die Verspannung der Nacht vergessen.

Beginnen Sie zunächst mit einem entspannten Moorbad in unseren harmonisch komponierten Marmoroasen. Legen Sie sich in unseren Floating-Bassins zurück, schließen Sie die Augen und lassen Sie die Sorgen des Alltags in unserer Balance Dream Area einfach draußen.

Ihr Nachwuchs ist in der Zwischenzeit gut versorgt und wird in unserem von führenden Pädagogen entwickelten und bestausgestatteten Kinderzimmer rundum betreut. Hier kommt bestimmt keine Langeweile auf.

Nachdem der Körper wieder voll frischer Energie ist, fehlt nur noch ein Sprung ins kühle Nass unserer Poolanlage. Gleiten Sie kopfüber in das NaCl-angereicherte Quellwasserbecken und ziehen Sie Ihre Bahnen. Sie werden merken: Nach jeder Wende geht es Ihnen ein weiteres Stück besser.

Anschließend gehen die meisten unserer Gäste zurück auf ihr Zimmer und lassen ihre Haut von der Sonne erwärmen. Nutzen Sie einen unserer Liegestühle und atmen Sie die frische Luft ein und aus.

Sollte es Ihnen ob des immerschönen Wetters zu warm werden, tauchen Sie Ihre Füße kurz in das jedem Zimmer zur Verfügung stehende Fußbecken.

Wenn es Abend geworden ist, laden wir Sie ein, in unsere gemütliche Gast- und Speisewirtschaft zu kommen. Treffen Sie hier auf andere Kurgäste oder Wanderer, die unsere urige Schenke schon seit Jahren für eine Pause nutzen und es sich gut gehen lassen.

In all der Zeit kümmert sich das Hotelteam rund um die Uhr um Ihr Wohlergehen. Modernstes Facility Management sorgt hinter den Kulissen unbemerkt für einen reibungslosen Ablauf im Hotelbetrieb.

Auch bei unveränderter, historischer Bausubstanz entsprechen unsere Dusch- und Badezimmer in den Gästeräumen dem gewohnten Standard eines modernen 5-Sterne-Hotels.

Und natürlich ist für Ihre Sicherheit gesorgt: Fluoreszierende Markierungen weisen auch bei Dunkelheit den Weg zum sicheren Ausgang.

Ich hoffe,
ich konnte
Ihnen das
Reiseziel
schmackhaft
machen.

So endete sie. Ich schaute mir die Bilder an und war begeistert.
Online gebucht und mit einer netten Hotline-Mitarbeiterin gesprochen, war der Urlaub voller Vorfreude.

Vor Ort erwartete mich allerdings etwas ganz anderes. So ist es halt in der Reisbranche: Die Versprechungen werden nicht erfüllt, auf den Bildern sieht alles viel schöner aus. Aber so einfach ließ ich mich nicht abspeisen. Ich machte Fotos vor Ort, verglich sie mit denen aus der Werbung und schrieb einen Beschwerdebrief, der sich gewaschen hatte.

Ich habe erwartet, bei lauer Abendluft in aller Ruhe den Tag ausklingen zu lassen. Alleine, ich mit mir selbst. Was erlebte ich stattdessen? Menschen um mich herum, die angeregt miteinander redeten, teilweise tollten Hunde zwischen meinen Beinen. Das fröhliche Geplauder von Kellner und Gästen war einfach unerträglich.

Einmal richtig entspannen

Ich dachte, ich äße in einem Raum, in dem das Licht Platz hat, sich zu entfalten. Der unverstellte Blick auf das Relief eines ritterlichen Recken gerichtet. Doch was erwartete mich? Eine vollgestellte Kaschemme. Tisch neben Tisch, Stuhl neben Stuhl. Überall hing Krempel an der Wand und, ja, auch von der Decke. Das Reiterbild war hinter diesen ollen Staubfängern kaum zu erkennen, die ganze Zeit dieser Duft frischer Blumen um die Nase … deshalb fahre ich doch nicht in Kur!

Schon im Eingangsbereich traf mich der Schlag: Staubfänger auf dem Boden, blendendes Leuchtwerk von oben und ein Typ, der mich unbewegt von der Wand herunter anstarrte. Die Treppe kaum zu sehen, so hell war das Gegenlicht vom Treppenabsatz. Vorne rechts sieht man, mit welch hinterhältigen Methoden einem die ersten Werbeangebote quasi aufgedrängt werden. Nepp nenne ich so etwas. Einfach völlig anders als im Prospekt vorgegeben.

Einmal richtig entspannen

Und über das Zimmer brauche ich wohl nichts zu sagen. Schauen Sie einfach auf das Foto. Keinerlei Bewegungsfreiheit, die Steckdosen zugestellt und dauernd zieht es von draußen rein.

NEIN DANKE!

Schneeflöckchen, weißröckchen …

Wo die Engel Plätzchen back(t)en

Text: Bernhard Hoëcker
Fotos: Tobias Zimmermann, Bernhard Hoëcker

Als Kind habe ich geglaubt, der Weihnachtsmann und seine vielen kleinen Engel lebten in einem Schloss voller Prunk, feines Tuch vor den Fenstern, Brokat an den Wänden, Ebenholz bedeckt die Stiegen, Stuck verziert das Gewölbe, ein Lüster beleuchtet die Werkstatt, in der das Klingen von Glocken anzeigt: Hier wird glitzerndes Gezier behutsam zusammengewirkt. Doch ich sollte eines Besseren belehrt werden.

Es war Winter. Vorweihnachtszeit. Der Schnee lag, zur Überraschung aller, meterhoch auf den Straßen und Gassen, Wegen und Pfaden des Landes. Mit meinem Hund und Tobi fuhr ich durch dieses winterliche Idyll.

Da machte sich der Hund bemerkbar, er musste pausieren, sich eines Teils seiner vorabendlichen Speisen entledigen. Er hüpfte behände aus dem Fahrzeug, das wie auf Schienen mit seinem Allradantrieb die zugeschneite Eisdecke durchbrach und die Parklücke sicher und präzise erreicht hatte.

Des Hundes Drang war wohl recht arg, so sprang der domestizierte Nachfahre des Wolfes von dannen und verschwand im Walde. Mit meinem Begleiter Tobi ging ich ihm nach, und so stapften wir durch das tiefe Weiß.

Er kreuzte eine Straße, folgte einem schmalen Pfad und überwand ein Stück niedergetretenen Maschendrahtzaun.

Das Gewissen warf uns hin, es warf uns her. Sollten wir ihm folgen? Eigentlich war es verboten, doch dank § 229 BGB war es mir gestattet, das fremde Eigentum zur Wiederrückführung des Hundes zu betreten. Mit einem weiten Schritt übertraten wir die Grenze zwischen Öffentlich und Privat. Es fühlte sich genauso an wie vorher. Ganz vorsichtig, um auch nur ja nichts zu verändern oder gar zu zerstören, bewegten wir uns über das gebogene Metall.

Tobi folgte mir, und langsam schlichen wir durch die Bäume. Plötzlich lichtete sich vor uns das Gehölz und gab den Blick frei auf mehrere Gebäude uns unbekannter Funktion.

Doch so schön, wie sie hier mit schneebedeckten Dächern im winterlichen Walde lagen, romantisch eingebettet zwischen Pulverschnee und braunem Blattwerk, konnte es nur eines sein: Die Wohnstatt und Wirkungsstätte der Engel.

Reihe neben Reihe standen die lang gestreckten Gebäude, in jedem Platz für vielleicht 50 geflügelte Wesen in Viererzimmern. Ehrfürchtig glitten wir an den Wänden entlang, kein Laut war zu hören. Sie mussten alle bei der Arbeit sein, es waren noch zwei Wochen bis Heiligabend.

Dann sahen wir auch schon die zerstörten Scheiben. Erschrocken blieben wir stehen. Was war hier los?

Und auf einmal schien etwas hinter den wie Dornen aus Rahmen herausragenden Scherben entlangzuhuschen. Wir gingen weiter und fanden ein Gebäude mit Kreuz auf der Turmspitze, hier weilte wohl einst jemand sehr Wichtiges. Ich dachte sofort: Hier muss der Weihnachtsmann gewohnt haben. Schräg daneben die Unterstellplätze für die Rentiere. Das müssen ganz schöne Brocken gewesen sein. Der Schlitten wurde im Laufe der Zeit aber auch immer schwerer. Mehr Menschen und mehr Geschenke. Schade. Gesundheit und Friede war erstens leichter beim Transport und wog im Alltag schwerer.

Doch es war alles verlassen. Die Wege lagen ohne Spuren vor uns.

Wir sahen wieder ein wuchtig-wichtiges Gebäude, wieder mit Kreuz. Das wird dann wohl dem Nikolaus gehört haben. Klassische Doppelspitze in der Führungsebene. Luther hatte sich zwar gegen die Heiligenverehrung gewehrt und so wurde später aus dem Bischof der Weihnachtsmann, dessen Behausung wir nun gefunden hatten.
So ganz haben sie ihn dennoch nicht vertreiben können, die Reformatoren.

GOD'S HAUS

FUCK OF SATAN

Wir drehten uns um und fanden die Hauptgebäude. Hier wurden wohl früher die Geschenke sortiert und verpackt.

Noch lag der Duft von Äpfeln und Mandeln in der Luft, doch er entschwand durch die großen Lüftungsschlitze. Nur noch Puderzucker der Weihnachtsbäckerei ist zu finden. Hier gab es manche Leckerei. Zwischen Mehl und Milch hat wohl so mancher Knilch eine riesengroße Kleckerei gemacht. Aber das sind Erinnerungen aus meiner Kindheit ...

In einem anderen Saal wurden wohl die Aufgaben verteilt und Versammlungen abgehalten.

Ich setzte mich und hoffte eine Ahnung alter Begeisterung zu verspüren. Ein Schimmer der Vorfreude beim Verteilen der Bausätze für Nussknacker, Puppen und Holzautos, gebannte Stille beim Vorlesen der Anleitungen.

Plötzlich spürte ich einen kalten Windhauch von rechts. Ich blickte dorthin, schien aber nur noch die Spitze eines Flügels zu sehen.

Ich sprang auf und rannte zur Tür, sah aber niemanden. Nur Fußspuren im Schnee zeugten von einer fremden Anwesenheit.

Wie groß muss der Frust des letzten Engels gewesen sein, der das Anwesen verlassen hat? Dann ein Scharren. Ich drehte mich um und sah den Hund um eine Ecke verschwinden. Ich folgte ihm.

Ein paar Schritte gen Himmel und man stand auf der Startrampe des ehemaligen Rentierbahnhofs. Hier muss zu früheren Zeiten eine Menge los gewesen sein. Ständiges Auf und Ab von Lastengeln, Rentierlotsen an den Durchflugsbereichen und ein Team fleißiger Handwerksengel sorgten für einen reibungslosen Ablauf der Bescherungen in all den Häusern dieser Welt. Heute machen das eBay, Amazon und DHL.

Hier fand ich auch den Hund. Demütig, mit angelegten Ohren, aber irgendwie zufrieden blickte er in den wolkenverhangenen Himmel.

Nachdenklich verließen Tobi und ich das Gelände. Hin und wieder warfen wir uns einen verstörten Blick aus den Augenwinkeln zu. Wahrscheinlich hatte die Entfremdung des Menschen von alten Traditionen zum Untergang der weihnachtlichen Schar geführt. Zwar mussten sie das Gelände schon lange verlassen haben, aber ich war mir sicher, dass EIN Engel immer überlebt.

Wieder am Auto, machte der Hund einen Haufen. Die kleine, weiße Feder, die herausragte, bemerkte ich nicht, nahm den schwarzen Plastikbeutel und schritt zur endgültigen Entsorgung.

BILDVER ORTUNGS BEMERKUNGS ANHANG

Infos zu einigen Bildern, die nicht in die Texte passten, vergessen wurden, nur nebenbei erwähnenswert sind oder einfach zu spät auftauchten. Man möge uns verzeihen, dass wir manchmal keine genauen Ortsangaben machen, aber durch eine Mehrzahl an Besuchern geht auch die Gefahr von weiterem Vandalismus und anderen Entweihungen der vergessenen und verwunschenen Örtlichkeiten aus. Außerdem ist der Besuch von maroden Gebäuden in den seltensten Fällen ungefährlich!

Verlassen, vergessen, verboten

Seite 6 ff.: Das Buch beginnt mit den Beelitz-Heilstätten. Wohl dem Highlight all derer, die auf verlassene Gebäude stehen. Hierbei handelt es sich um ein altes Krankenhausgelände südwestlich von Berlin, das von 1898 bis 1930 gebaut wurde und bis 1994 zuletzt von den Russen als größtes militärisches Sanatorium außerhalb Russlands genutzt wurde. Das Gelände fasziniert nicht nur durch seine architektonische Schönheit, sondern auch die schiere Größe, Vielfalt und die Möglichkeit, eines der Gebäude im vollsanierten Zustand zu sehen und so einen Vergleich von Sein und Möglichkeit zu ziehen. Leider oder zum Glück ist der Zugang inzwischen vollständig verbaut und somit dem Vandalismus hoffentlich ein Riegel vorgeschoben.

How to: Urban Exploration

Seite 38: Wieder einer dieser leisen Momente, der nachdenklich stimmt. In der Waschküche eines seit 10 Jahren verlassenen Kurhotels lag dieser Stoffclown einsam und vergessen. Ein mumifizierter Spielgefährte, oder wartet er nur in seinem Dornröschenschlaf auf ein Kind, das ihn wieder in die Arme schließen mag? Nein, wir haben nicht versucht, sein weiteres Schicksal zu beeinflussen.

Seite 41, links: Ein Problem bei diesen Ausflügen ist es, dass man eigentlich nie weiß, was sich da vorher im Mauerwerk alles befunden hat. Hin und wieder riecht es nach etwas, das man für ungesund hält, und dann ist bestimmt irgendetwas ungesund, das man gar nicht riecht. Hin und wieder, wenn es sehr eng und staubig wirkt und wird, greifen wir auch mal zu drastischeren Maßnahmen, um die Atemluft zumindest in unserer Fantasie sauber zu halten, wie z. B. auf Seite 47 oben.

Seite 41, rechts: Es sieht zwar albern aus, aber wenn man sich auf größeren Geländen zu mehreren bewegt, kommt es vor, dass man sich durch Rufen nicht mehr verständigen kann. Wenn wir in einem Gang stehen und nach dem anderen suchen, ist es oft sehr gruselig, wenn dann Schritte näher kommen. Letztendlich haben wir aber die Funkgeräte nie wirklich nutzen können, weil entweder zu viele dazwischen sind oder einer sein Gerät ausgeschaltet hatte, weil er Angst hatte sich zu erschrecken, wenn ein anderer sich plötzlich meldet.

Seite 48: In einer Bunkeranlage war jede Wand mit einem Streifen fluoreszierender Farbe versehen. Für den Fall eines Stromausfalles würde so die Wandbegrenzung sichtbar und eine eventuelle Panik vermeidbar sein. Wir stellten uns einfach nur vor, wie es wäre, in diesem Raum zu sitzen. Es ist dunkel und nach einem Einschlag fangen die Streifen an zu leuchten, von Strahlung, die man selbst nicht spürt.

Seite 49, unten: Dies ist eigentlich kein Lost Place, aber eine Entdeckung. Nachdem wir uns so lustige Anglerhosen gekauft hatten, lag es natürlich nahe, sie zu nutzen. Und so wateten wir in einem kanalisierten Bachlauf unter einer vierspurigen Straße einer deutschen Großstadt.

Der Schatz der Diamaltwerke:

Seite 50 ff.: Das ist ein Ort, den wir dann doch im zweiten Anlauf erst besuchen konnten. Unser Versuch, unerkannt über das Gelände zu gelangen, ist nicht von Erfolg gekrönt gewesen. Friedlich haben wir uns zurückgezogen und erst später einen erfolgreichen Besuch geschafft.

Ein Tag im Museum:

Seite 58, 59: Beelitz-Heilstätten. Ein Kuppelraum in der Chirurgie. Eine Architektur, die man heute wohl schwerlich in Immobilen des Heilwesens finden wird. Aber verkachelte Krankenhausräume müssen nicht zwangsläufig hässlich sein. Auch nach knapp 20 Jahren Verfall nicht.

Seite 61: Oft verraten es die kleinen Details, wer der Hausherr gewesen sein muss. Hier verrieten lediglich die Fragmente am Kassenhäuschen des alten Kinos, dass die britische Rheinarmee hier ihre Lichtspiele veranstaltete.

Seite 62 ff.: Beelitz-Heilstätten, Fabrik in Österreich, diverse militärische Einrichtungen. Vom Graffiti-Dilettanten bis zum Streetart-Künstler – gesprayte Hinterlassenschaften in dieser Bandbreite finden sich in fast allen Ruinen. Offizielle Auftragsarbeiten finden sich zum Schluss des Kapitels. Der Stolz sowjetischer Ideologien wurde hier ebenfalls direkt auf den Putz gemalt. Interessant zu beobachten: Die Motive Industrie mit Fabrik, Kraftwerke, Strommasten, das Militär und die junge Arbeiterfamilie tauchen immer wieder auf. Dass die Farbe Rot in den propagandistischen Wandmalereien einen zentralen Stellenwert hat, ist nicht weiter verwunderlich.

Seite 68: Seit seiner Zerstörung im Zweiten Weltkrieg ist dieser Komplex nicht wiederaufgebaut worden und besteht nur noch aus Stein und Beton. Über viele Ebenen fanden wir in diesem großen Gebäude nur Schutt und Gestrüpp, bis in der obersten Etage, die schon seit Jahrzehnten keinen Dachbalken mehr getragen hatte, plötzlich hinter einem Mauervorsprung dieser monströse Stahlbottich auftauchte. Von den Ausmaßen hätte er ebenfalls in jedem handelsüblichen Wasserturm Platz gefunden und löste bei uns wieder dieses Kribbeln aus, etwas Besonderes entdeckt zu haben.

Im Auge des Betrachters

Seite 76 ff.: Hier hat die NVA ein Erholungsheim für ihren „gehobenen Dienst" hinterlassen. Recherchen im Nachhinein ergaben einen Preis von 50 bis 65 Mark für eine Nacht Vollpension und um die 480 Mark für eine Woche. Generell ist es so, dass wir eigentlich ERST durch die Gebäude streifen und überlegen, welchen Nutzen sie trugen, und später dann auf Webseiten und in Bibliotheken haufenweise Informationen finden, sodass wir eigentlich direkt noch einmal hinfahren wollen.

Seite 86: Dieser Raum gehört zu den großen Merkwürdigkeiten, die man an diesen Orten antrifft: Normalerweise sind die Räume entweder leer oder eingerichtet zurückgelassen. Aber hier scheint man gezielt Dinge, in diesem Fall Stehlampen, aus dem ganzen Haus gesammelt und auf einen Haufen geworfen zu haben. An einem anderen Ort haben wir mal Hunderte von Dias gefunden, in einem ansonsten komplett leeren Gebäude. Und in einem Krankenhauskeller lagen bestimmt 50 Krücken durcheinander in einem Lüftungsschacht. Diese oftmals letzten Reste der ehemaligen Bewohner geben den verlassenen Gebäuden wieder ein Stück ihrer Geschichte zurück.

House of burning children brains II

Seite 92: Hier ein Hotel für ehemalige NVA-Angehörige. Hier der seltene Moment, wo man sich von weiter weg dem Objekt nähert. Normalerweise fahren wir so nahe heran, wie es die Unauffälligkeit erlaubt.

Seite 96 ff.: Krankenhaus, Beelitz-Heilstätten: Hier vermuten wir einen alten Kühlraum der im gleichen Gebäude befindlichen Metzgerei, die das gesamte Areal versorgen sollte. Auf dem mittleren Bild ist oben rechts in der Ecke noch die Kühlschleife zu erkennen.

Seite 98, links: Ein Moment , der immer wieder auftaucht. Was sollte das? Die Wand war offensichtlich vor längerer Zeit genau vor dem Treppenabsatz gezogen. Wir haben keine Ahnung.

Seite 101: Krankenhaus, Beelitz-Heilstätten: Hier handelt es sich vermutlich um einen Seziertisch. die Ablaufrinnen für Körperflüssigkeiten sind noch zu erkennen. Die Verbindung zum Abfluss allerdings unterbrochen. Man beachte die Vegetation, die sich hier bereits einen Weg durch die Fenster gesucht hat.

Seite 103, oben: Ein NVA-Hotel in Thüringen. Hier wurden wohl sehr hektisch die Koffer gepackt, für einen geordneten Rückzug war wohl keine Zeit. Überall verstreut findet man Dinge des täglichen Bedarfs und auch die Pflanzen wurden ihrem traurigen Schicksal überlassen. Dass noch einer zum Gießen vorbeikommt, ist eher unwahrscheinlich.

Seite 104 ff.: Ein Traum wurde für uns wahr. Was sonst nur in Computerspielen und Actionfilmen zu sehen ist, konnte ich hier selbst machen. Einmal in einen Lüftungsschacht kriechen. Natürlich ohne Lüftung ...

Seite 105: Wir stiegen in ein im Nebenraum befindliches Loch und folgten dem dunklen Gang. Am Ende lag ein schwarzer Sandhaufen. Als wir uns über diesen hinübergewuchtet hatten, standen wir plötzlich unten in einem Schornstein aus Backstein. Selten habe ich so eine beeindruckende Atmosphäre erlebt. Der Wind, der Klang, die Stille. Hochzuklettern haben wir uns nicht getraut, weil an der Kante schon Steinabbrüche zu beobachten waren. Der Schornstein selbst war mit farbigen Steinen und einer Art Stuck errichtet. Hoffentlich wird er irgendwann wieder restauriert. Ein Meisterwerk der Industriearchitektur.

Seite 109 ff.: Das Wrack eines alten Zinnbaggers in Thailand. Bei einem Tauchurlaub gefunden. Kaum zu vergleichen mit den großen Gebäudekomplexen im Buch, aber es zeigt, was es noch für Möglichkeiten gibt, Vergangenes zu entdecken.

BILDVER ORTUNGS BEMERKUNGS ANHANG

Seite 113, oben: Ein klassisches Fotomotiv: „Setz dich mal da rein." – Blitz – „Oh, sieht cool aus." Der Raum war im Keller und komplett dunkel. Details erkennt man dann erst, wenn man am Computer sitzt und die Zoomfunktion benutzt.

Die Uranmaschine

Seite 116 ff.: Das gehört mit Sicherheit zu den Höhepunkten. Der Blick in den ersten Atomreaktor der Welt. – Zumindest dachten wir das am Anfang. Inzwischen, nachdem wir diese Geschichte mehrmals erzählt und damit Menschen in großen Scharen um uns versammelt hatten, fanden wir heraus, dass bereits 1942 in den USA mit dem Chicago Pile 1 die erste kontrollierbare Kettenreaktion stattgefunden hatte. Allerdings ist das auf den Bildern der älteste erhaltene Teil einer deutschen Kernforschungsanlage.

Während Heisenberg Mitte der 1940er-Jahre mit einer Kugel, gefüllt mit Uranpulver und schwerem Wasser, mehr oder weniger erfolglos experimentierte und dabei sogar das Labor durch eine Knallgasreaktion zerstörte, setzte im Frühjahr 1944 Kurt Diebner im Versuch G III b auf Uranwürfel in gefrorenem Schwerwasser und erreichte an genau der abgebildeten Stelle eine Neutronenvermehrung um 106 Prozent.

Diese Geschichte halten wir so lange aufrecht, bis wir was Neues herausfinden.

Zur Leserberuhigung: Wir haben uns im Vorfeld über die radioaktive Belastung informiert. Das Gelände ist als „wenig kontaminiert" gekennzeichnet.

Die Alte Ziegelei

Seite 136 ff.: ... liegt seit den 1960er-Jahren verlassen im Münchner Umland. Geologie und der enorme Bedarf an Ziegeln vor dem Zweiten Weltkrieg und vor allem auch für den Wiederaufbau danach ließen hier für lange Zeit einen bedeutsamen Industriezweig entstehen. Unsere malerische Ziegelei ist eines der wenigen Relikte aus dieser Zeit. Leider haben Vandalen und Diebe bereits wichtige Teile des Betriebs zerstört. Ein Verein kümmert sich in Eigeninitiative um die Sicherung der Anlage und möchte sie später einem interessierten Publikum zugänglich machen.

Was es mit dem Bett auf sich hat, haben wir allerdings nicht herausgefunden ...

Eriks neue Wohnung

Seite 150 ff: Ein Ort, der nachdenklicher stimmt, als der Text wiedergibt. Es handelt sich um einen ehemaligen Abschiebeknast, in den abgelehnte Asylbewerber und aus anderen Gründen ausgewiesene Menschen verbracht wurden, bevor man sie in ihr Herkunftsland zurückbrachte. Solche Orte schlagen einem immer wieder aufs Gemüt, wenn man sich vorstellt, wie hier das Leben gewesen sein muss. Panische Ängste vor der Zukunft und Hoffnungslosigkeit, die auch zu Selbstmorden geführt haben.

House of burning children brains III

Seite 160 f.: Die zweigleisige Eisenbahnbrücke führte einst bei Dömitz über die Elbe. Im Zweiten Weltkrieg teilweise zerstört, wurde sie wegen der Sektorengrenze nicht wiederaufgebaut. Auf der westlichen Seite hat man sie als eine Art Mahnmal stehen lassen. Im Osten wurde der größte Teil abgerissen. Nun steht sie unter Denkmalschutz und wurde 2009 für 305.000 Euro von der Bahn versteigert. Das sind bestimmt 29 Tunnelmeter in Stuttgart ...

Seite 162: Gerade das Ruhrgebiet ist von alten Gleisanlagen durchzogen, die nicht mehr benutzt werden. Vor allem die Tunnel machen sie interessant. Zwar gibt es wenig zu entdecken, aber man denkt immer an die Folge der „Fünf Freunde" mit dem verschwundenen Zug. Und man wird das Gefühl nicht los, ob vielleicht DOCH noch mal einer vorbeikommt.

Seite 164: Hier war eine alte Verladestation für Raketen des Warschauer Paktes. Den Wendekreisen der Wege nach zu urteilen, müssen sie recht groß gewesen sein. Atomwaffen waren es wohl nicht, dafür waren die Radien wiederum zu klein. Die Vorstellung, mit was hier hantiert wurde und auf welche Ziele sie gerichtet waren, machen den Ort auf besondere Art interessant.

Seite 166: Von der einen Tür einer Heizanlage zur anderen. Der rote Punkt ist original von der Handykamera. Unter uns brannten hier die Feuer.

Seite 168, oben: In einem Dorf in Ostdeutschland, in dem die Russen mit 15.000 Soldaten plus Angehörigen vom Rest der DDR-Bevölkerung weitgehend abgeschottet lebten, fanden wir diesen Raum in einer Schule. Der Satz in deutscher Sprache im Raum einer russischen Schule sagt viel aus. Sehr beeindruckend, aber nicht im Bild festgehalten: Der Weg vom Kasernengelände zum Bahnhof war gesäumt mit alten Bäumen, in denen Generationen von Soldaten auf ihrem Hin- oder Rückweg ihre Initialen eingeritzt hatten. Tausende von Biografien in einem Moment ihres Lebens festgehalten.

Seite 174, unten: Das ist einer der ganz besonderen Räume, den wir auf unseren Streifzügen gefunden haben, wo einen das Gefühl beschleicht, man habe die Zeitmaschine nicht nur im Kopf, sondern startbereit draußen auf dem zugewachsenen Parkplatz stehen.

Seite 175, beide: Im Großraum Frankfurt (im SEHR-Großraum) stießen wir auf eine alte Fabrik für irgendwelche Maschinen. War die eigentliche Werkhalle recht unspektakulär, erwartete uns in einem Schuppen hinter dem Gebäude eine wahre Schatzkammer: das Archiv. Hier lagen Pläne, Auftragsbestätigungen, Verträge und Dokumente aus Jahrzehnten Betriebstätigkeit. Allein schon die Rückenbeschriftung der Ordner „Afrika", „Ostblock", „Asien" faszinierte uns. Allein in diesem Raum hätte man einen ganzen Tag verbringen können, um Seite für Seite, Plan für Plan, Karteikarte für Karteikarte durchzusehen.

Seite 178, beide: Ein Anblick, der einem immer wieder vor Augen führt niemals auf die Stabilität des Bodens zu vertrauen, denn er könnte das Dach des Geschosses unter dir sein.

Seite 180, oben: Ein Making-of von Erik im Keller eines verlassenen Kaufhauses. In der Regel ist immer genug Dreck und Staub in der Luft, um selbigen auch im Strahl der Lampen auf den Fotochip zu bannen. Falls nicht, wird einfach der Rangunterste im Rudel dazu bestimmt, Staub werfend und pustend durch den Raum zu hüpfen, um den Effekt zu erzielen.

Seite 180, unten: Auch hier ist der rote Punkt echt. Der Hund hat ein Tragegeschirr, um ihn notfalls über Fenstersimse und andere Hindernisse heben und tragen zu können. Auf dem Rücken ein kleines holländisches Fahrradrücklicht. So ist er auch in dunklen Gängen und Räumen leicht zu finden. Er selber sieht als Dämmerungsjäger leider sehr viel besser als wir.

Seite 182 oben: Solche Prachtexemplare finden sich leider nur noch selten. Auch wenn es „juckt", einen Anhänger zu mieten oder ein Großraumtaxi direkt vor den Lost Place zu ordern, selbstverständlich belassen wir selbst solche Antiquitäten vor Ort und nehmen sie nur in der Kamera mit nach Hause.

Seite 185, oben: Ein altes russisches Militärgelände südlich von Berlin. Schon die Hauptzufahrt ist beeindruckend und gibt die Atmosphäre gut wieder. Teile des Geländes sind in der Zwischenzeit wieder in Verwendung. Die alten Hallen werden von verschiedenen Firmen und einem Verein für ein Technikmuseum genutzt. Bei Kummersdorf-Gut befindet sich ebenfalls ein kleines historisch-technisches Museum, das sich mit der Geschichte der ehemaligen Heeresversuchsanstalt beschäftigt und Führungen über das Gelände anbietet.

Zeitreise

Seite 186 ff.: Ein Gelände, das aufgrund der Gebäude kaum unbekannt sein dürfte. Der Teufelsberg in Berlin. Auf einem Trümmerberg, der aus rund einem Drittel des Schuttes der zerbombten Hauptstadt bestand, stand ab spätestens 1957 die am weitesten östlich gelegene Abhöranlage der NATO. Hier hindurchzulaufen und sich bewusst zu sein, an einem der bestbewachten und geheimsten Orten des Kalten Krieges zu sein, ist ein unbeschreibliches Gefühl. Wir danken dem Hausmeister, der uns freundlicherweise über das Gelände geführt hat.

Seite 192: Warum der Freund und Kollege ständig mit einem Helm herumrennt, ist leicht zu erklären. Wochen vorher hatte er sich in einem anderen verlassenen Gebäude an einer hervorstehenden Metallkante eine klaffende Wunde in den Schädel gerammt. Grundsätzlich sind diese Gelände ungesichert und jede Form von Haftung ausgeschlossen, somit ist Selbstschutz oberstes Gebot. Bernhard läuft (fast) immer mit Schutzbrille herum, seit ihm erzählt wurde, wie jemand mit Staub in den Augen aus einem alten Schornstein geführt werden musste.

Seite 193: Dieses Foto hätten wir auch selber machen können. Aber die Karte, die irgendwo auf dem Gelände an der Wand hängt, konnte von niemandem so gut abgelichtet werden, wie von Frank Rieger. Als Mitglied des Chaos Computer Clubs ist er natürlich prädestiniert für die Dokumentation geheimer Pläne und wir bitten alle Leser Mitglied in diesem Verein zu werden.

Was tun, wenn's geknallt hat?

Seite 203, links: Bei einem eigentlich unauffälligen Besuch des ehemaligen Kaufhauses Beck in München wurden wir von Abbrucharbeitern überrascht. Offensiv stellten wir uns mit „Das ist aber interessant hier!" vor und kamen in den Genuss einer exklusiven Hausführung und erfuhren nicht nur einiges über die Geschichte des Gebäudes, sondern auch über die Technik von Abbrucharbeiten. Außerdem war es beeindruckend zu sehen, wie sie mit kleinen Baggern durch die unbeleuchteten unterirdischen Lagerhallen und Tiefgaragen gefahren sind. Unmengen von Staub und darin die Lichtkegel der emsigen Minibulldozer viele Meter unter dem Straßenniveau in einem von uns irrtümlich als leer angenommenen Gebäude schufen eine fast beängstigende Atmosphäre.

Seite 206 f.: Ein alter Funkbunker in Süddeutschland wurde uns empfohlen, allerdings war er aufgrund eines Rohrbruches mit Wasser vollgelaufen und wir kamen einfach nicht weiter.

Seite 208: Wir erweiterten unser Equipment, einen Anlass findet man immer, und standen dann bis zu den Bauchnabeln im Wasser. Seitdem sind uns auch diese Örtlichkeiten nicht mehr verschlossen.

Einmal richtig entspannen

Seite 216 ff.: Hier fanden wir durch einen Tipp im Internet ein seit mehr als 10 Jahren verlassenes Kurhotel. Ein „Full-Service"-Betrieb mit Gastronomie, Seminarbetrieb, Biergarten, Videokasettenverleih und therapeutischen Bädern in Jungbier! Das Jugendstil-Gebäude ist vordergründig in einem erstaunlich guten Zustand. So gut wie keine Graffitis und auch der Vandalismus hielt sich in Grenzen. Nur die strategischen Bauten und Hinterlassenschaften der einen oder anderen Paintballpartie haben ihre Zeichen hinterlassen. Insbesondere das alte Prospekt, welches tausendfach auf dem Fußboden zu finden war, zeigt deutlich, welche Spuren die Zeit hinterlassen und vor allem welche überdauern. Leider konnten wir den ehemaligen Besitzer nicht recherchieren, sodass noch viele Fragen offen sind.

Schneeflöckchen, Weißröckchen...

Seite 238 ff.: Hier besuchten wir im Winter (welch Wunder) eine verlassene erst kanadische, dann britische Kaserne. Neben den normalen Unterkünften und Nutzbauten beeindrucken vor allem die Räumlichkeiten für Freizeit. Hier zeigt sich die Menschlichkeit und Emotionalität, eigentlich die Seele der Menschen, die hier aus den verschiedensten Gründen stationiert waren. Seien es die Kirchen von wahrscheinlich verschiedenen Konfessionen, die Sportanlagen oder ein Kino. Immer wurde den Soldaten die Möglichkeit gegeben, auch ein Leben jenseits des Soldatendaseins zu führen.

DANKE, DANKE, DANKE …

Bernhard dankt …

… Fritz Ebeling und Renate Dittmann, meinen Agenten, die zunächst genug Zeit einplanten, um neben der Arbeit auch mal einen Lost Place zu besuchen. Nun aber versuchen, zwischen den Lost Places auch ein paar Jobs zu platzieren. (TOBI gefällt das)
… Tobias Zimmermann, der ständig mit der Kamera hinter mir hergelatscht ist und mich im Nachhinein mit Bildern zugemailt hat, bis ich endlich eingesehen habe, dass nicht nur das Ansehen, sondern auch das Abbilden dieser Orte Spaß macht.
… Erik Haffner, der mal so nebenbei gesagt hat, „man müsste daraus ein Buch machen“, und ich das nun als meine Idee verkaufen kann.
… Tommy Krappweis, der nichts mit diesem Projekt zu tun hat, aber jetzt habe ich einmal gut.
… Jens Christian, der jedes Mal auf seine DDR-Vergangenheit angesprochen wurde, wenn irgendwelche Schriftzeichen nicht den lateinischen entsprachen.
… Alexis, der immer ein elektronisches Equipment mehr mit auf Tour schleppt als ich. Beim Nachtsichtgerät bin ich ausgestiegen. Mann, ist das geil.
… Christian Halang, Kai Arzdorf und Renate Dittmann, die immer mal mit auf solche Touren kommen. (TOBI gefällt das)
… Fluffy, das schwarze Felldingens auf den Bildern, das weder Tobi noch Erik heißt und das immer wieder anfängt zu weinen, wenn es sieht, wie ich Taschenlampe und Schuhe anziehe.
… Andrea, Hanna und Lara, die mich immer wieder ziehen lassen, aber dafür sorgen, dass mein Leben alles andere ist als ein vergessener Ort.

Erik dankt …

… seiner Doreen, die aus genetischen Gründen den ganzen Tag Handy, Schlüssel und Geldbeutel suchen muss und deshalb in ihrer Freizeit keinerlei Drang verspürt, auch noch Tupperdosen im Wald aufzuspüren. Danke fürs Durchhalten, Schatz!
… seiner kleinen Gundel für den süßesten aller Gründe, bei Wind und Wetter nach draußen zu gehen. Leckerli?
… Norm, David, Nauer, Karsten, Olli und Briegel für die treue Begleitung bei vielen Abenteuern. Niemals aufgeben, Jungs!

Tobi dankt …

… Bernhard, für seinen nicht unerheblichen Anteil daran, dass wir hier die auf Papier konservierten Erinnerungen unserer Abenteuerchen in den Händen halten. Und dass er nicht ständig darauf herumreitet, dass die Panoramen, die er mit seinem Telefon macht, in der Regel besser sind als meine mit 16 Kilogramm Equipment fotografierten. … und dass er mich wegen meiner Höhenangst ~~selten~~ zwingt, für ein gutes Motiv nicht näher als 14 Zentimeter an einen Abgrund zu treten!
… seinen Eltern, die ihn schon in jungen Jahren mit einem alten, geliehenen Fotoapparat für das Thema Fotografie interessieren konnten. Leider ist der Diafilm jetzt seit 24 Jahren immer noch in der Kamera. Wo ist die eigentlich?
… Volkmar Heckes, der mit seinem unendlichen Wissen über Industriearchitektur und -geschichte und seiner Leidenschaft für die Fotografie als Hauptverursacher für meine Begeisterung für ebendiese Themen die Verantwortung trägt.
… Steffi und Bruno, für die ich jedes dieser verfallenen Häuser mit bloßen Händen wieder aufbauen würde, wenn es ihnen denn so besser gefiele.

Wir drei danken …

… der großen Community der Lost-Place-Fans, die mit Webseiten, Berichten, Büchern, Besuchen, Dokumentationen diese einmaligen Orte vor der Vergessenheit bewahren.
… der gesamten Geocacher-Gemeinde, durch die wir auf diese Orte gekommen sind, mit Ausnahme derer, die für andere die Eigenverantwortung übernehmen wollen.
… Barbie und Büttler, Hornesia und all den anderen Freaks, die diese abgefahrenen Orte erkunden und uns bekannt gemacht haben.
… Wikipedia, das uns zu den Hinterlassenschaften vergangener Zeiten auch noch hochinteressante Informationen geliefert hat.
… Birgit Sander, die darauf geachtet hat, dass unsere Berge an Material nicht auch zu vergessenen Orten wurden.
… Meike Herzog, die unseren Bildern einen Rahmen gegeben hat, der es auch ohne Inhalt verdient hätte, gekauft zu werden, und im Rahmen der Computerspielkapitel wahrlich Trash geschaffen hat. Wie geht's eigentlich dem Zahn?
… Daniel Förster, der diesen wunderbaren Blumenstrauß an Seiten noch mit Girlanden und Konfetti verfeinert hat.
… dem RIVA Verlag, der uns auch in diesen dreckigen Klamotten in den Arm genommen und bei sich zu Hause aufgenommen hat.
… Kurt Heering, der mit unseren Bildern tapfer durch die Welt gezogen ist, bis sich eine Höhle fand, an deren Wand sie nun haften.